Philipp Greifenstein | Hanno Terbuyken

Vernetzt und zugewandt – digitale Gemeinde gestalten

Philipp Greifenstein | Hanno Terbuyken

Vernetzt und zugewandt – digitale Gemeinde gestalten

Ein Praxishandbuch

neukirchener

MIX
Papier aus verantwortungsvollen Quellen
FSC® C014138
FSC
www.fsc.org

Bibliografische Information der Deutschen Nationalbibliothek:
Die Deutsche Nationalbibliothek verzeichnet diese Publikation in der Deutschen Nationalbibliografie; detaillierte bibliografische Daten sind im Internet über http://dnb.d-nb.de abrufbar.

Umschlaggestaltung: Grafikbüro sonnhüter, www.grafikbuero-sonnhueter.de
unter Verwendung eines Bildes von PCH.Vector, Alexeeva Olga (shutterstock.com)
Lektorat: Anna Böck
DTP: dtp studio eckart | Jörg Eckart, Frankfurt am Main
Verwendete Schrift: FF Tisa, Input Mono
Gesamtherstellung: Finidr, s.r.o., Český Těšín
Printed in Czech Republic
ISBN 978-3-7615-6980-1 Print
ISBN 978-3-7615-6981-8 E-Book

www.neukirchener-verlage.de

Inhalt

Vorwort

Am Anfang geht alles durcheinander. So erzählt es die Bibel vom Beginn der Schöpfung: Fluten türmen sich bedrohlich auf, Finsternis liegt undurchdringlich über allem, es herrscht Chaos. Dann macht Gott das Licht an und schafft Ordnung. Auch in unserer digitalisierten Welt geht einiges durcheinander. Wir können die Wunder der Digitalisierung mit eigenen Augen sehen: Menschen flitzen auf Datenautobahnen durch das Internet. Roboter springen durch einen Hindernisparcours. KI setzt auf menschlichen Befehl hin spektakuläre Bilder zusammen. Riesige Aktenbestände und Bibliotheken geben ihre Geheimnisse nach nur ein paar wenigen Klicks preis. Doch unser digitaler Alltag steht zu diesen Wundererzählungen häufig im Widerspruch: Der vermaledeite Drucker will wieder nicht anspringen. Auf Reisen fallen wir in dunkle Funklöcher, die uns von den kommunikativen Weiten des Netzes trennen. Die öffentliche Verwaltung hinkt ihren Digitalisierungszielen massiv hinterher. E-Mails türmen sich im Posteingang auf. Auf die E-Mail an den Pfarrer kommt deswegen keine Antwort.

Umso mehr sich die Digitalisierung unserer Welt beschleunigt, desto deutlicher stehen uns auch ihre Grenzen vor Augen. Nicht erst seit, aber besonders während der Corona-Pandemie haben wir den Wert persönlicher Begegnungen neu erfahren. Körperliche Nähe und Zärtlichkeit brauchen wir als Menschen unbedingt: Die tröstende Umarmung, das Händehalten am Sterbebett, das Wasser der Taufe. Es gibt Dinge auf der Welt, die der Digitalisierung grundsätzlich nicht zugänglich sind. Und noch mehr, vor deren digitaler Form wir zu Recht zurückschrecken, weil sie uns analog lieb und teuer und manchmal sogar heilig sind.

Dieses Buch soll seinen Leser:innen dabei helfen, eine Kirchengemeinde für das Leben in der Digitalität zu rüsten. Wir werden Werkzeuge und Strategien vorstellen, mit deren Hilfe Digitalisierung gelingen kann. Hier gibt's Ausrüstung. Wir wollen dazu ermutigen, miteinander auf digitalen Kanälen unterwegs zu sein und die Wunder der Technik nutzbringend einzusetzen. Es geht uns auch um Zu-Rüstung. Mit diesem altertümlichen Wort wird in unseren Kirchen das geistige und geistliche Wissen und Können gemeint, das es braucht, um Gefahren zu umgehen und in Anfechtungen zu bestehen. Das ist mit Digitalisierungskompetenz gemeint, nicht (Detail-)Wissen um Code, Tools und digitale Transformation.

Dieses Buch beschreibt Digitalisierung als einen Weg, den Menschen gemeinsam gehen können, die als Kirchengemeinde in unserer Welt und Zeit unterwegs sind. #digitaleKirche orientiert sich also weder an einem euphorischen „Anything goes“ noch an einer kulturskeptischen Ablehnung des Neuen. Digitalisierung in der Kirche wird von Menschen und für Menschen gemacht und bedient sich neugierig jener Technik, die ihr dabei hilft, ihre Ziele zu verwirklichen. Die Digitalisierung bringt auch deshalb vieles durcheinander, weil sie uns die Frage aufzwingt, was wir eigentlich mit unserer Arbeit bezwecken wollen. Immer wieder werden wir auf solche Fragestellungen stoßen, wenn wir auf den nächsten gut 200 Seiten die Digitalisierung einer Kirchengemeinde beschreiben. Weil es sich bei diesem Buch um einen Ratgeber für die praktische Arbeit handelt und nicht um eine Ekklesiologie oder ein Kompendium für die Kirchenreform, werden wir sie meistens nur antippen können. Aber den Gedanken wollen wir mitnehmen, dass die Frage „Wozu Digitalisierung?“ eigentlich eine Neuformulierung der Frage ist: „Wozu gibt es uns als Kirche eigentlich?“

Als Christen sind wir Autoren in der Evangelischen Kirche verwurzelt. Geprägt hat uns vor allem die Jugendarbeit bei den Pfadfindern im VCP (Hanno) und in der Jungen Gemeinde (Philipp) und die Zusammenarbeit mit Haupt- und Ehrenamtlichen auf diesen Kirchackern. Als christliche Medienschaffende befassen wir uns seit vielen Jahren mit der Digitalisierung der Kirchen und dem Leben von Christ:innen in der Digitalität. Manche Perspektiven unterscheiden uns hingegen: Hanno arbeitet als Deutschlandchef von ChurchDesk, einem Anbieter für Gemeindesoftware und begleitet vor allem Hauptamtliche und Kirchenleitende auf ihren Digitalisierungspfaden. Philipp schaut als Gründer des Online-Magazins „Die Eule" aus der Perspektive eines teilnehmenden Beobachters auf #digitaleKirche und die Menschen, die sich in ihr herumtreiben. Unsere verschiedenen Erfahrungshintergründe und Perspektiven, denken wir, können den Leser:innen dabei helfen, Orientierung auf ihrem Weg zur digitalen Kirchengemeinde zu finden.

Dieses Buch ist keine wissenschaftliche Untersuchung. Wir erheben auch nicht den Anspruch auf Vollständigkeit, dafür ist die Digitalisierung unserer Lebenswelt viel zu dynamisch. Dieses Buch verdankt sich vor allem unserem in der Corona-Zeit gewachsenen Bedürfnis, unsere Beobachtungen, Erlebnisse und Erfahrungen zu Kirche und Gemeinde in der digitalen Gegenwart so zusammenzustellen, dass möglichst viele Menschen von ihnen profitieren können. Dieser Ratgeber soll ein Lichtschalter sein, den nutzen kann, wer immer Durchblick bei der Digitalisierung einer Kirchengemeinde gewinnen will, sei sie haupt- oder ehrenamtlich engagiert, Pfarrerin oder Vikarin, Gemeindereferentin oder -Sekretär, Kirchenvorstand oder Jugendgruppenleiterin.

Am Anfang geht alles durcheinander, aber Gott ist schon da. Es ist finster und die Wellen überschlagen sich, doch Gottes Geist schwebt über den Dingen. Dann spricht Gott und alles wird gut.

Bad Frankenhausen und Berlin im Oktober 2023

Kapitel 1:

Was ist Digitalisierung?

1101010 1100001: Digitalisieren mit Gefühl

Seit Mitte der 1980er Jahre spricht man im deutschsprachigen Raum über Digitalisierung. Zunächst fand dieses Gespräch natürlich in Fachdiskursen unter Informatiker:innen, „IT-Fanboys und -girls" und *Nerds* statt. Aber wir übertreiben nicht, wenn wir feststellen: Seit mindestens 30 Jahren wird bei uns fleißig digitalisiert. Das kann man ruhig ganz praktisch verstehen, denn in den ersten Jahren ging es Menschen, die sich um die Digitalisierung bemühten, zumeist darum, von einer analogen auf digitale Datenverarbeitung und -sammlung umzustellen.

Wann hat die erste Digitalkamera Eingang in Ihren Haushalt gefunden? Zu Beginn des Jahrtausends vollzog sich unter unser aller Teilnahme und doch seltsam reibungslos eine Revolution: Die Digitalkamera, die im Jahr 2000 nur etwas für Nerds und Fotoprofis sein sollte, hatte sich zur Mitte des Jahrzehnts als Standard für die private und geschäftliche Nutzung durchgesetzt. Im Jahr 2007 präsentierte Apple dann das erste iPhone der Öffentlichkeit, der Siegeszug der Smartphones begann. Heute muss man Kindern erklären, dass es für das Fotografieren im Familien- und Freundeskreis dereinst eigener Geräte bedurfte. Treffen sie sogar noch auf eine analoge Kamera, ist die Faszination groß: Auf diesem wackeligen braunen Kunststoff-Band namens „Film" sollen unsere Fotos jetzt drauf sein?

Wir Menschen sind ganz erstaunliche Wesen, durch den evolutionären Anpassungsdruck bzw. den Schöpfergeist Gottes mit reichlich Fantasie und Entdeckergeist ausgestattet, in der Lage, uns blitzschnell auf neue Situationen, Gefahren und Möglichkeiten einzustellen. Galt noch vor 30 Jahren die „unsichtbare" Speicherung von riesigen Datenmengen auf kleinen Festplatten und noch vor zehn Jahren deren Verwahrung in der sogenannte *Cloud*, also in weit entfernt aufgestellten Server-Farmen, als Faszinosum, stehen wir heute ratlos vor den damals für selbstverständlich erachteten analogen Werkzeugen und Alltagsbegleitern. Hat dieses Telefon hier ein Kabel, damit man es nicht klaut?

Seit gut zehn Jahren meinen wir aber, wenn wir Digitalisierung sagen, nicht allein den Wechsel von analog zu digital, sondern eine umfassende Transformation unseres gesellschaftlichen, sozialen, wirtschaftlichen, privaten wie beruflichen Lebens. Alles ist – auch wenn diese Feststellung banal sein mag – heute digital, wenn wir es wollen. Umso mehr unsere Umwelt sich digitalisiert, desto deutlicher stehen uns auch die Grenzen und Gefahren der Digitalisierung vor Augen. Dabei verharrt das Denken in „Chancen und Risiken" zu häufig in einer selbst gewählten, nicht durchhaltbaren Distanz. Wir können Digitalisierung nicht von außen betrachten. Selbst wenn man sie als Eremit in einer abgeschiedenen Waldeinsiedelei für die Nachwelt mittels Tintenfüller und Schreibkladde, aus möglichst großer Entfernung, beschreiben wöllte, käme man doch nicht an ihrem Vorhandensein in der Welt vorbei. Auch wenn sich dieses vorübergehend in der Form von Abwesenheit darstellt: „Sorry, ich habe hier gerade kein Netz."

Digitalisierung ist nur als Prozess mit und für Menschen zu verstehen. Bei der Digitalisierung von Arbeitsverfahren, Produkten und Geschäftsmodellen geht es darum, einen größeren Nutzen für jene Menschen zu erzielen, die an und mit ihnen arbeiten oder von ihnen leben. Auch wenn Digitalisierung im technischen Sinne die

Speicherung von Daten in einer Binarität von scheinbar endlosen 0110001101010-Ketten bedeutet, braucht sie deshalb Gefühl. Digitalisierung soll nützen. Darum müssen Digitalisierer:innen nach den Menschen und ihren Bedürfnissen fragen.

Mit diesen Vorüberlegungen ist schon eine Menge über die Digitalisierung von Kirche, Theologie und Gemeinde gesagt: Es geht bei der Digitalisierung in der Kirche nicht darum, die analoge Kirche „abzuschaffen" oder „zu ersetzen", wie den Digital-Begeisterten immer wieder vorgeworfen wird, sondern um die Verbesserung kirchlicher Arbeitsprozesse, Dienstleistungen und Angebote mit Hilfe digitaler Werkzeuge. Ein solches Vorverständnis von „Kirche im digitalen Wandel" inkludiert auch die Erkenntnis, dass eben nicht alle kirchlichen Vollzüge digitalisiert werden können oder müssen (auch wenn es für jeden der bekannten Grundvollzüge von Kirche mehrere brauchbare digitale Beispiele gibt, siehe Tabelle). Es geht nicht um ein Gegeneinander von analoger Kirche auf der einen Seite und einer sphärischen digitalen Kirche auf der anderen, sondern um ein In- und Miteinander. Eine Kirche in der digitalisierten Gesellschaft wird notwendig *auch* digitale Kirche sein.

Grundvollzüge der Kirche

Zeugnis	Gottesdienst	Diakonie	Gemeinde
Verkündigung *martyria*	Liturgie *leiturgia*	Dienst *diakonia*	Gemeinschaft *communio*
Blogs Newsletter Audio-/Video-Andachten Sharepics Sinnfluencer:innen	Gottesdienst-Stream Online Gemeinde Chat Ansprachen #Twomplet	#ansprechbar Chat-Seelsorge Barrierefreiheit/ Inklusion Robotik und KI in der Pflege	Webseite Erreichbarkeit im Sozialraum Social Media Online-Gemeinde

Für die Theologie ist die Digitalisierung sowohl eine Praxis als auch ein Forschungsgegenstand. In einer digitalisierten Welt findet theoretische Reflexion gleichzeitig oder nachträglich statt. Die Theologie als Reflexion auf Glaubens- bzw. Kirchenpraxis ist das eigentlich gewohnt. Aus dem stumpfen Nachdenken in „Chancen und Risiken" kommt man raus, indem man die ohnehin gegebene Teilhabe an der digitalisierten Welt bejahend antizipiert. Nachdenken über Digitalisierung, Digitalität und #digitaleKirche geht nicht ohne Teilhabe an der digitalisierten Welt. Das heißt nicht, dass jede:r Theolog:in einen Instagram- oder YouTube-Kanal bespielen muss. Es heißt aber wohl: die eigene digitale Praxis zu reflektieren und nicht zum *non plus ultra* des eigenen Theologisierens zu erklären. Unter allen wissenschaftlichen Disziplinen bringt die Theologie dafür eigentlich das beste Rüstzeug mit, denn sie ist seit jeher Wissenschaft, die sich durch die Teilhabe am Forschungsgegenstand auszeichnet.

Für die Digitalisierung einer Kirchengemeinde lässt sich aus den kurzen Vorüberlegungen oben ableiten: Gelungene Digitalisierung nutzt den Menschen, die in und mit und von der Gemeinde leben. Sie unterstützt, erleichtert und ermöglicht *Kommunikation* sowohl unter den Haupt- und Ehrenamtlichen sowie mit und zwischen den Gemeindemitgliedern als auch dem die Kirchengemeinde umgebenden Sozialraum inklusive all der Menschen, die (noch) nicht zur Gemeinde gehören, aber ein Interesse an ihren Angeboten oder Dienstleistungen haben könnten – und dieses ja gar nicht so selten sogar formulieren. Oder in Kirchensprech: Gelingende Digitalisierung ist ein Segen für die Gemeinde Jesu Christi und alle ihre Gäste und Glieder.

Was ist #digitaleKirche?

Wir kommen zu Beginn nicht um eine kurze Einführung in einige gängige Begriffe und Labels herum, mit denen im kirchlichen Digitalisierungsdiskurs gearbeitet wird. Bleiben Sie aber dran, denn direkt im Anschluss an diesen kurzen Durchgang haben wir eine grausame Wahrheit für Sie im Gepäck!

„Kultur der Digitalität" (Felix Stalder)

Meint Digitalisierung nach heutigem Verständnis vor allem einen Prozess, so beschreibt der Begriff der *Digitalität* eine Gesellschaft und unsere Wahrnehmung derselben, die durch die Digitalisierung bereits beeinflusst sind. Diese digitale Realität zeichnet sich, in den Worten Felix Stalders,[1] durch *Referentialität, Gemeinschaftlichkeit und Algorithmizität* aus. Die „Grundformen der Digitalität" formen neue „Erwartungen und Möglichkeiten", die wir in der digitalisierten Gesellschaft formulieren. „Etablierte Institutionen", ist sich Stalder sicher, „müssen ihre internen Strukturen und Abläufe so anpassen, dass sie die neuen Möglichkeiten für ihre jeweiligen Anliegen und Projekte nutzen können. Denn sonst können sie die Erwartungen der Menschen nicht erfüllen und werden schließlich von diesen als überflüssig angesehen."

Referentialität meint, dass wir durch jeden Kommunikationsakt – sei es ein Instagram-Foto, eine Messenger-Nachricht oder ein Blogbeitrag auf der Gemeinde-Webseite – anderen Menschen mitteilen, was uns wichtig ist, und um ihre Aufmerksamkeit werben. Wir stellen uns damit selbst in das kommunikative, dialogische Geschehen unserer Umwelt und verorten uns in einem Netz von Kommunikation. Jeder Like, jedes Herzchen an einer Direktnachricht ist ein praktisches sich ins Verhältnis zu anderen und zur Welt setzen. Das kostet Zeit und Kraft und ist anstrengend, gelegentlich überfordernd. Was andere kommunizieren, geht mich auf einmal an, weil ich gemeint sein könnte. Die gleiche Dynamik sorgt dafür, dass andere *unsere* Botschaften für wertvoll halten, sich zu ihnen verhalten wollen. Wir arbeiten digital alle (selbst-)referentiell und schlagen so „Pfade durch die Unübersichtlichkeit".

---

1 Felix Stalder: Kultur der Digitalität, Suhrkamp 2016. Alle Zitate in diesem Kapitel stammen aus Felix Stalder: Grundformen der Digitalität, agora42, Ausgabe 2/2017, https://agora42.de/grundformen-der-digitalitaet-felix-stalder/ (zuletzt abgerufen am 29.11.2023).

„Die Aufmerksamkeit der anderen, deren Feedback und die daraus resultierende gegenseitige Anerkennung ist die wichtigste Ressource“ dieser uns inzwischen alltäglich gewordenen „kommunikativen Selbsterschaffung“. Orientierung in der Vielzahl der auf uns einströmenden Informationen können wir gemeinschaftlich herstellen. *Gemeinschaftlichkeit* und Selbstentwurf laufen nach Stalder als gleichzeitiges Handeln ab. Gegensätze zwischen „Individuum und Gesellschaft, persönlicher Identität und Gruppenidentität“ werden aufgelöst, wir nehmen uns digital selbst als Teil einer „gemeinschaftlichen Formation“, einer Blase (engl. *Bubble*), einer *Community* wahr. Auch wenn der Zutritt zu einer solchen Gruppe (zumeist) freiwillig geschieht, ist er „nicht uneigennützig“, denn durch die Zugehörigkeit profitieren wir von der gemeinschaftlichen Produktion von Aufmerksamkeit füreinander, die je einzelnen Mitglieder der Gruppe und für gemeinsame Anliegen.

Selbst eine riesige Gruppe von Menschen aber wäre damit überfordert, mit der schieren Menge von Daten umzugehen, die uns im Netz zur Verfügung steht – ja, manchmal regelrecht auf uns eindringt. *Algorithmizität* bezeichnet die Vorformung dessen, was uns im Netz begegnet, durch maschinelle Prozesse. Die Programmierung der Social-Media-Plattformen – ihr Algorithmus – sorgt zum Beispiel dafür, dass uns vor allem solche Inhalte angezeigt werden, die uns – ausgehend von unserem bisherigen Nutzer:innenverhalten – gut unterhalten, interessieren oder zumindest aufregen dürften. Algorithmen sind kein Zauberwerk, sondern Ergebnis menschlicher Programmierkunst. Aber sie sind ein zweischneidiges Schwert: „Sie schaffen einerseits neue Abhängigkeiten, indem sie die (informationelle) Welt vorsortieren und zugänglich machen, und sie sorgen andererseits für Autonomie, indem sie die Voraussetzungen der persönlichen Handlungsfähigkeit schaffen.“ Gerade den letzten Teil von Felix Stalders Beschreibung der Algorithmizität lohnt es gut in der eigenen Erinnerung abzuspeichern: Ohne die Hilfe technischer Hilfsmittel, wie zum Beispiel die Algorithmen von Suchmaschinen, blieben wir digital orientierungslos.

Felix Stalders Entwurf einer „Kultur der Digitalität" ist inzwischen der in der deutschsprachigen Theologie am häufigsten rezipierte Theorierahmen einer digitalisierten Gesellschaft. Digitalisierungsstrateg:innen in der Kirche, Forschende aus vielen Disziplinen und Praktiker:innen orientieren sich an diesem Modell. Stalders Vokabular spielt im Internet-Diskurs im deutschsprachigen Raum auch jenseits von Theologie und Kirche eine große Rolle. Wer sich neu mit Fragen der Digitalität befassen will, wird auch heute an Stalders Buch nicht vorbeikommen.

#digitaleKirche

Online-Gemeinden, „Internet-Kirchen" und die Digitalisierung der Kirchen auch im deutschsprachigen Raum gibt es seit mindestens Anfang des Jahrtausends. Der Hashtag #digitaleKirche ist im Vergleich dazu wesentlich jünger, und verdankt sich vor allem dem evangelischen Digitalisierungs-Diskurs der zweiten Hälfte der 2010er Jahre. Ausgehend vom Artikel „Und wie wir wandern im finstern Digital"[2] verbreiterte und verdringlichte sich die ohnehin laufende Debatte über die Nutzung der neuen digitalen Möglichkeiten für die Kommunikation des Evangeliums und die Selbstbehauptung der evangelischen Kirche in vielen Diskussionsbeiträgen unterschiedlicher kirchlicher, theologischer und journalistischer Akteur:innen.

Von entscheidender Bedeutung für die Debatte waren auch zuvor schon die jungen Mitglieder und Jugenddelegierten in den Synoden von EKD und evangelischen Landeskirchen gewesen. Sie trugen das Thema Digitalisierung immer wieder auf die Tagesordnung. In den meisten Landeskirchen wurden „Internetbeauftragte" berufen und Pfarrstellen eingerichtet, deren Inhaber sich mit der Digitali-

---

2 Hannes Leitlein: Und wie wir wandern im finstern Digital, Christ & Welt 03/2017, https://www.zeit.de/2017/13/digitalisierung-medien-martin-luther-kirchen-reformation-netz (mit Bezahlschranke, zuletzt abgerufen am 29. 11. 2023).

sierung von Gesellschaft und Kirche in je unterschiedlichen thematischen Schwerpunktsetzungen befassten. Besonders in den Jahren ab 2014 etablierte sich die Digitalisierung zunächst als ein zentrales „Zukunftsthema" der Kirche und wurde dann als wichtiges kirchliches Handlungsfeld erkannt.

Der Hashtag #digitaleKirche meint also zunächst den Diskurs über Digitalisierung. Mit ihm werden auf den Social-Media-Plattformen Beiträge verschlagwortet, die sich mit Digitalisierung von Kirchengemeinden, kirchlichen Arbeitsprozessen – und zumeist mit kirchlicher Verkündigung und ihren digitalen Formaten befassen.

„Kirche im digitalen Wandel"

„Kirche im digitalen Wandel" schließlich – und fast zum Schluss dieses Durchgangs durch wichtige Begriffe – ist die Formel, die sich die Evangelische Kirche in Deutschland (EKD) für die kirchenamtliche Aneignung der Digitalisierung als kirchliches Handlungsfeld ausgesucht hat. „Kirche im digitalen Wandel" ist zugleich Begriff und Slogan, Beschreibung eines Ist-Zustandes und – gut protestantisch – Formulierung eines Reformvorhabens. „Wandel" suggeriert Bewegung, die aber nicht zwangsläufig an einen anderen Ort führt. Wer lust-wandelt, kann auch im Kreis herumlaufen. „Kirche im digitalen Wandel" ist als Begriff zu eigen, dass in ihm keine inhaltliche Zielsetzung mitgeliefert wird, an der sich die Digitalisierung der Evangelischen Kirche strategisch oder operativ ausrichten könnte.

So intensiv wie wenige andere gesellschaftliche Großorganisation haben sich die EKD und ihre Gliedkirchen im vergangenen Jahrzehnt mit der Digitalisierung befasst. Das hat einen guten Grund: Wie jeder Veränderungsprozess bedarf auch die Digitalisierung nach evangelischem Verständnis der kirchenleitenden Steuerung. Kirchenleitung geht in den evangelischen Kirchen vom Kirchenvolk aus, was erklärt, warum sich evangelische Synoden immer wieder mit Fragestellungen der Digitalisierung befassen. Bereits 2014 hat *die* Digitalisierungssynode der EKD stattgefunden. Zu einem Zeitpunkt, da in vielen Büros der deutschen Wirtschaft die langfristigen Folgen der Digitalisierung häufig noch unterschätzt wurden. Die Evangelische Kirche hat keinen Anlass, sich Asche auf's Haupt zu streuen, wenn es um die Reflexion von Digitalisierung geht.

Warum ist dann so viel des Guten, das angedacht wurde, (noch) nicht auf die Strecke gekommen? Die Gründe dafür sind vielfältig und die Hemmschuhe, die hier bremsen, sind dieselben, die die Kirche auch auf anderen Handlungsfeldern drücken.[3] Da wäre zunächst die Langsamkeit und Mutlosigkeit öffentlicher Verwaltung, die in den veramtlichten Volkskirchen nach wie vor tonangebend ist. Anderen Hinderungsgründen, wie der relativen Umständlichkeit synodaler Entscheidungsfindung, wohnt wenigstens ein vom Ethos der Organisation präjudiziertes, durchaus sympathisches Element inne. Es ist jedenfalls eine runde Sache, dass die strategische Unbestimmtheit der evangelischen Digitalisierungsbemühungen sich auch in ihrem Leitslogan wiederfindet.

Die grausame Wahrheit

Und nun die oben versprochene grausame Wahrheit: All diese Begriffe sind *interchangeable* und werden wild durcheinander benutzt. Was Labels wie „Kirche im Web“ oder #digitaleKirche meinen sollen, erschließt sich erst durch den Kontext ihrer Nutzung, die nicht immer reflektiert erfolgt. Der Hashtag #digitaleKirche zum Beispiel wird ungeachtet seiner Geschichte nicht allein dazu genutzt, Posts auf Social-Media-Plattformen zu markieren, die sich mit der Digitalisierung der Kirche als Thema oder Diskurs befassen, sondern dient auch als Selbstzuschreibung digitaler Communities („Wo ist die #digitaleKirche auf Instagram?“).

Diese Quernutzungen sind ein wenig anstrengend, verdanken sich aber wohl dem Umstand, dass die zugrundeliegenden Techniken und Werkzeuge uns vollständig alltäglich geworden sind. Ihre

3 Siehe Kapitel 6 – „Ich will aber nicht“: Mit Einwänden umgehen.

Nutzung ist ohne weiteres vertieftes Wissen um ihre Geschichte oder technischen Grundlagen möglich, es genügt minimales anerlerntes Handlungswissen. Was sind das World Wide Web (WWW), das Netz, die Digitalität eigentlich? *Hardly anyone knows and nobody cares anymore #sad.*[4]

Es lohnt jedoch, sich vor Augen zu führen, dass Digitalisierung eben nicht in der Nutzung „des Internets" aufgeht, dass Leben in der Digitalität auch außerhalb des WWW und erst recht jenseits von als *closed shop* betriebenen großen Social-Media-Plattformen existiert. Das hat für unseren Zweck – die Digitalisierung einer Kirchengemeinde – profunde Folgen: Es geht nämlich mitnichten darum, einfach eine Facebook-Seite mit Gemeindebrief-Artikeln zu bestücken und sich selbst für digitalisiert zu halten.

Kirche in der Digitalität

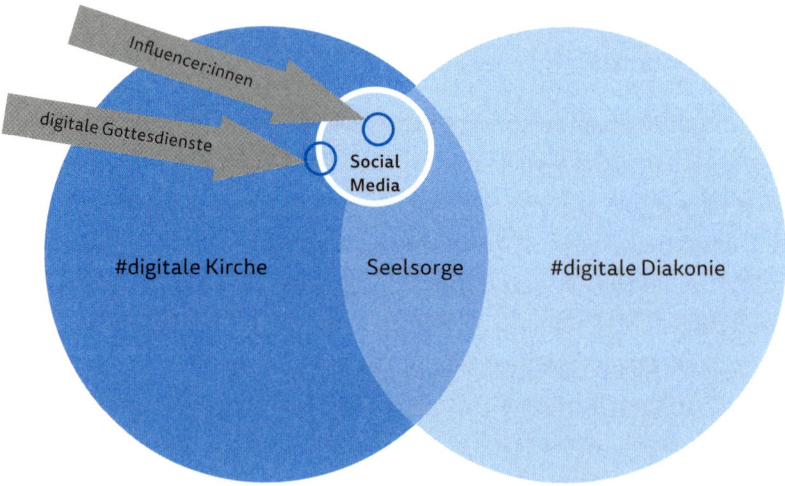

4 Kaum einer weiß das oder macht sich darüber Gedanken. #traurig

#digitaleKirche ist groß und weit und umfasst viele Gebiete, die auf einer Karte einzuzeichnen ein zwar mögliches, aber vorläufiges Unterfangen darstellt. Neue digitale Handlungsfelder treten hinzu, andere hingegen verschwinden nach und nach oder auch mal ganz plötzlich von der Bildfläche. Manche Formen digitaler Kirchlichkeit – wie Online-Gemeinden, „digitales Abendmahl" und auch die aus Pandemie-Zeiten bekannten Video-Andachten – nehmen im Digitalisierungs-Diskurs einen breiten Raum ein, der ihrer eigentlichen Bedeutung für die allermeisten Kirchenmitglieder und -mitarbeiter:innen nicht entspricht. Andere Handlungsfelder, die längst zu erheblichen Teilen durch die Digitalisierung geprägt sind, wie zum Beispiel die Diakonie, die Seelsorge oder das kirchliche Verwaltungshandeln, spielen hingegen im (halb-)öffentlich geführten #digitaleKirche-Diskurs nur eine untergeordnete Rolle – was leider auch auf die Qualität der dort durchgeführten Prozesse durchschlägt.

Für die Digitalisierung gilt wie für Schürfwunden: Luft muss ran! Es ist ein erstaunliches Desiderat der kirchlichen Digitalisierungsdebatten, dass vornehmlich nicht über jene Themen und Handlungsfelder gestritten wird, deren Digitalisierung besonders ressourcenintensiv ist. Während sich so manche evangelische Synode oder katholische Pastoralkonferenz mit dem Wert von Online-Abendmahlen befasst hat, an denen – wenn's hoch kommt – nur ein paar tausend Christ:innen jemals teilgenommen haben, werden in den mächtigen Kirchenämtern Entscheidungen von großer Tragweite getroffen, die Digitalisierungsstrategien und -fortschritte über viele Jahre hinweg präfigurieren. Am Ende ärgern sich dann einige Hauptamtliche über ein völlig verkorkstes Intranet oder eine instabile Finanzsoftware, den teuren firmenseitigen Support für ihre Dienstgeräte oder unfähige ITler:innen im Kirchendienst – da sind die Ressourcen für einen Richtungswechsel aber schon aufgebraucht und nicht zuletzt Kirchensteuermittel verwendet worden, die zunehmend als knappes Gut gehandelt werden müssen.

Leben in der Digitalität findet nicht allein im WWW statt und erst recht nicht allein auf den großen Social-Media-Plattformen. Die Digitalisierung einer Kirchengemeinde kann sich darum nicht darauf beschränken, auf einer von ihnen „präsent" zu sein.

In der Kirchenöffentlichkeit spielen die wirklich ressourcenraubenden Digitalisierungsprozesse kaum eine Rolle, sondern werden von den Kirchenverwaltungen ohne ausreichende Mitbestimmung und -gestaltung von Haupt- und Ehrenamtlichen in der Fläche gestaltet. Für eine Kirchengemeinde bedeutet dies zunächst einen hohen Anpassungsdruck, kann aber auch entlasten: Wir müssen vor Ort nicht alles selbst schaffen!

Kirche im Netz: Verkündigung im digitalen Raum

Aus dem Reigen der bunten #digitaleKirche-Labels suchen wir uns das der *Kirche im Netz* als das brauchbarste zur Beschreibung von kirchlichen Formaten und Angeboten auf digitalen Kanälen heraus. Warum? Zum einen ist „Netz" ein geläufiges alltagssprachliches Synonym für das Internet. Das Internet umfasst als Begriff nicht allein das WWW, sondern weitere Dienste und Protokolle, auf denen unser digitalisiertes Leben „läuft", zum Beispiel auch Messenger-Dienste, E-Mail, Audio und *Video on Demand* und nicht zuletzt das *Gaming*.

Durch das Netz sind alle Menschen, die an einem Knotenpunkt Anschluss finden, miteinander verbunden. Wer „drin" ist, findet sich in einem potentiell egalitären „Raum" wieder, in dem man sich binnen Sekunden mit anderen Menschen unabhängig von Herkunft, Alter, Geschlecht, sexueller Orientierung, sozialem Status, Religionszugehörigkeit, Nationalität etc. verbinden kann. Auf der Reise über die „Datenautobahnen" habe ich sogar die Freiheit, ein Anderer zu werden, je nach digitaler Heimstatt in verschiedene Rollen zu schlüpfen. Gesundheitliche Beeinträchtigungen, Behinderungen und soziale wie wirtschaftliche Schranken werden im Netz zwar nicht bedeutungslos, aber verlieren ihre exkludierende Wirkung. Das Netz ist eine riesige dezentrale Inklusionsmaschine.

Kirche im Netz lebt in dieser Wirklichkeit, partizipiert an ihren aufregenden Möglichkeiten. Kirche im Netz hilft durch ihre Arbeit, Menschen an diesen Chancen teilhaben zu lassen. Das alles kann Kirche im Netz deshalb tun, weil die entgrenzte Kommunikation und Inklusion des Netzes *gut* sind, auch ganz ohne theologischen Überbau.

Ein Qualitätsmarker guter digitaler Verkündigung ist darum ihre Inklusivität und Konnektivität. Wer zudem eine biblisch-theologische Begründung für die Teilhabe und -gabe im Netz sucht, der findet sie im An- und Zuspruch aus dem Munde Jesu selbst: „Kommt her zu mir, alle, die ihr mühselig und beladen seid; ich will euch erquicken." (Matthäus 11,28) Alle sind gerufen, niemand soll ausgeschlossen werden. Im Hashtag #ansprechbar[5] verwirklicht sich Nachfolge, denn Jesus ließ sich von Weggefährt:innen und Wegelagerern gleichermaßen ansprechen, belehren und berühren.

Das Mitleben der Kirche in der Digitalität birgt für sie das Potential, wieder Kirche in Bewegung zu sein, auf dem Weg zu den Menschen im Sozialraum einer Gemeinde und an den Rändern unserer Gesellschaft, um mit diesen Menschen Leben zu teilen, von ihnen zu lernen, sich von ihnen bereichern zu lassen – kurz: miteinander Kirche zu sein. Wie Jesus selbst ist die Kirche auf diesem Weg nicht allein predigend, sondern hörend unterwegs: Es gibt eine Stunde für die Predigt auf dem Felde, aber häufiger noch sind Begegnungen wie die zwischen der kanaanäischen Frau und Jesus (Matthäus 15,21–28). Begegnungen, die alle Beteiligten etwas weiser, verändert, gestärkt und gesegnet weitergehen lassen.

5 Siehe Kapitel 4 – #ansprechbar: Kommunikation statt Einweg-Verkündigung.

Die wechselseitige, dialogische Kommunikation des Evangeliums ist das dem Netz angemessene Verkündigungs-Paradigma. Daraus ergeben sich Verpflichtungen für die Gestaltung digitaler Kirchorte, ob sie in vollständiger Verantwortung der Kirchengemeinde gestaltet werden (zum Beispiel Webseiten) oder sich an Dritten Orten befinden, wie zum Beispiel den großen Social-Media-Plattformen. Ohne einen rückwärtigen Kommunikationskanal beraubt sich digitale Verkündigung ihres Potentials, denn wir ernten, was andere säen (Johannes 4,36–38).

An der Schnittstelle: Wo Außen und Innen sich treffen

Der digitalen Gegenwart Rechnung zu tragen heißt mehr, als nur Newsletter zu schreiben oder eine Pastor:in mit einem Instagram-Account einzustellen. „Digitale Gemeinde“ zu sein ist nicht nur eine Frage der praktischen Arbeit, sondern auch eine Frage der zugrunde liegenden Haltung.

Diese Dualität lohnt es sich, genauer zu beschreiben. Denn wenn nur ein oder zwei Menschen für eine Gemeinschaft digitale Wege beschreiten, enden diese Wege, sobald diese Menschen nicht mehr da sind. Zudem werden sie schnell frustriert, wenn sie immer gegen die Grundhaltung der anderen arbeiten müssen, insbesondere der Entscheidungsgremien. Jedoch führt auch eine prinzipiell digitaloffene Grundhaltung nicht zu konkreten Ergebnissen, wenn in der Praxis niemand digital arbeitet oder kommuniziert. Der Entschluss, eine digitale Gemeinde zu sein, muss auch mit Leben gefüllt werden.

Beide Ebenen – konkrete Umsetzung und Haltung – lassen sich, angelehnt an Martin Luthers Freiheitsschrift, als äußere Gestalt und innere Gestalt des Menschen in der Digitalität beschreiben. In „Von der Freiheit eines Christenmenschen“ schreibt Luther:

„Um diese beiden widersprüchlichen Redeweisen von der Freiheit und der Dienstbarkeit zu verstehen, müssen wir daran denken, dass ein jeder Christenmensch von zweierlei Natur ist, von geistlicher und leiblicher. Nach der Seele wird er ein geistlicher, neuer, innerer Mensch genannt, nach Fleisch und Blut wird er ein leiblicher, alter und äußerer Mensch genannt."

Es nutzt dem Menschen in der Digitalität nichts, dass er noch so viele digitale Werkzeuge sein eigen nennt und sie reichlich nutzt, wenn er nicht auch dem Geiste der Digitalität nach handelt. Wiederum gibt es Menschen, die nur mit wenigen digitalen Werkzeugen ihren Alltag bestreiten, sich dessen gar nicht rühmen, ihre Digitalaffinität nirgends herzeigen – und doch inwendig vom Geist der Digitalität beseelt sind. So kann eine sparsame, zielgerichtete Nutzung digitaler Werkzeuge in einem tiefen Verständnis der Digitalität wurzeln, eine maßlose und unsachgemäße Digitalisierung aber von einem Mangel desselben zeugen.

Uns geht es in diesem Praxishandbuch um eine effektive Kommunikation des Evangeliums in der Digitalität, nicht um eine Digital-Religion. Das Leben in der Digitalität bedarf der kritischen Überprüfung und der Nachfrage. Digitale Jünger:in zu sein bedeutet nicht, immerzu digitale Werkzeuge einzusetzen, sondern ihren reflektierten Gebrauch. Digitalität geht nicht in ihren äußeren Formen auf, sondern ist ein *Lifestyle*, eine Geisteshaltung, ein *Mindset*. Darüber hinaus noch eines, das mit christlichen Grundüberzeugungen über das gute Zusammenleben der Menschen stark korrespondiert.

Auch die digitale Gemeinde kennt diese zweierlei Naturen und weiß darum, dass die äußere nicht ohne die innere verwirklicht werden kann, die äußere Gestalt aber wirkungslos bleibt, wenn nicht auch die innere sich reformieren lässt.

Die äußere Gestalt einer Kirche oder Gemeinde mit einem Minimum an digitaler Gegenwart ist anhand von Dingen zu beschreiben, die man beobachten kann: Sie hat eine Webseite, auf der aktuelle Termine stehen, und man kann dem Gemeindebüro eine E-Mail schicken. Die Pfarrer:in und/oder die Gemeinde pflegen eine Social-Media-Präsenz auf Facebook oder Instagram und teilen regelmäßig schöne oder interessante Inhalte auf Social-Media-Kanälen. Ebenso wie eine:n lokale:n Datenschutzbeauftragte:n gibt es garantiert auch eine oder mehrere WhatsApp-Gruppen, in denen sich Menschen absprechen – mindestens der Kirchenchor und die Konfirmanden- oder Firmlingsgruppen.

An dieser äußeren Gestalt, die sich im Einsatz digitaler Plattformen und digitaler Technik manifestiert und die heute in den Kirchengemeinden im deutschsprachigen Raum weitestgehend realisiert ist, können die *allermeisten* Gemeinden noch deutliche Verbesserungen vornehmen, sei es durch Eigeninitiative, die Unterstützung von Bistum oder Kirchenkreis oder mit Hilfe von spezialisierten Dienstleistern. Nicht zuletzt die Notwendigkeiten der Corona-Krise der Jahre 2020 bis 2022 haben im Bereich Livestreaming und Online-Gottesdienste da einiges angestoßen.

Die innere Gestalt der digitalen Kirchengemeinde wird dadurch bestimmt, wie sehr sie die Grundformen der digitalen Gegenwart verinnerlicht hat. Diese Grundmerkmale der digitalen Gegenwart lassen sich kompakt als „Auflösung von Grenzen" beschreiben:

- Die Aufteilung von Information in Bits & Bytes und Speicherung auf einem informationstechnischen Medium bedeutet, dass jede Information beliebig oft kopiert werden kann. Dies führt zur Auflösung *hierarchischer Grenzen*, weil jede:r jede Information haben kann.
- Weltumspannende Datenleitungen sorgen dafür, dass jede Information überall hin übertragen werden kann. Dies führt zur Auflösung *räumlicher Grenzen*, weil jede Information überall sein kann.
- Die Synchronisierung der Netze ermöglicht, dass jede Information sofort übertragen werden kann. Dies führt zur Auflösung *zeitlicher Grenzen*, weil jede Information überall gleichzeitig sein kann.

Digitale Transformation bedeutet, die Auflösung von hierarchischen, räumlichen und zeitlichen Grenzen zu verstehen, zu akzeptieren und die dadurch entstehenden Freiheiten auch zu nutzen. In Summe heißt das: Jede Person kann jede Information zu jeder Zeit an jedem Ort haben und nutzen.

Dies bedeutet theoretisch das Ende von Herrschaftswissen, Exklusivität und Information als Mittel von Macht. Eine Kirche (oder Kirchengemeinde), die einen Digitalisierungsprozess anstrebt, muss sich einen eigenen Reim auf die flächendeckende Entgrenzung machen. Sie muss zugleich verstehen, wie diese Entwicklungen die Erwartungen der Menschen an ihre Gemeinde verändert haben – und ihr Handeln daran anpassen.

Die Auflösung von Grenzen der Information betrifft alle Bereiche des Alltags- und Gemeindelebens. Zum Beispiel die Ansprache von Menschen: Bisher kommuniziert die Kirche vor allem im Modus der Einladung an eine möglichst große, aber selten definierte Allgemeinheit. Weil alle Informationen jederzeit verfügbar sind, erwarten Menschen heute aber eine direkt auf sie zugeschnittene und persönliche Ansprache, die ihre Vorlieben wahrnimmt und wertschätzt. Wer überall sonst so angesprochen wird, nimmt Angebote weniger wahr, die das nicht machen.

Eine solche Nutzerorientierung kann eine Gemeinde umsetzen, indem sie die Menschen um sie herum fragt, was sie interessiert, und die richtigen Angebote dafür macht. Klingt eigentlich selbstverständlich, ist aber auch ein Zeichen einer digitalen Kirche.[6]

Ein weiteres Handlungsfeld: Es gilt heute vielen Menschen als selbstverständlich, Verwaltungsvorgänge *online* erledigen zu können. Das kriegen viele Städte und Kommunen in Deutschland nicht hin und es ist ein stetes Ärgernis, vor allem wenn die Möglichkei-

6 Methoden dazu gibt es zum Beispiel in der Sammlung Leila Summa und Christiane Kirchbach: 33 Werkzeuge für die digitale Welt, Redline Verlag 2019.

ten zwar schon bestehen, aber ausgerechnet auf dem Smartphone nicht funktionieren. Ganz besonders schlimm sind Formulare, die als PDFs online gestellt werden, die man erst herunterladen, dann ausdrucken und anschließend als Scan, Foto oder Brief wieder zurückschicken muss. Das ist kein digitaler Vorgang, das ist ein abfotografierter analoger Verwaltungsakt! Und für Menschen, die keinen Drucker zuhause haben, ist die Hürde noch einmal höher.

Auf die Gestaltung kommt es an

Die Kopierbarkeit von Informationen bedeutet, dass Kirchen sich neu Gedanken machen müssen über die Verbreitung von Informationen, von denen sie möchten, dass alle Gläubigen sie haben sollen. Ganz besonders beispielhaft stellt sich diese Frage beim Bibeltext. Diverse Übersetzungen sind online verfügbar, bei der Deutschen Bibelgesellschaft ebenso wie bei anderen Anbietern. Das Projekt „Offene Bibel" beispielsweise arbeitet seit 2009 daran, kostenlos und frei verfügbare Bibelübersetzungen zu erstellen und zu verbreiten. Die Deutsche Bibelgesellschaft ist damit beauftragt, allen Menschen Zugang zur Bibel zu ermöglichen.

Lässt sich die Bibel noch verkaufen? Ja, aber nicht mit dem Argument, dass dadurch die reine Information des Bibeltextes zugänglich gemacht würde. Wer nur den reinen Text möchte, findet ihn kostenlos und online. Bibeln verkaufen sich, weil die Aufbereitung der Information den Käufer:innen etwas wert ist: in schönen Ausgaben, in transportablen Reisebibeln, in Druck-Repliken der ersten Lutherbibel, im schön gestalteten Schuber, mit prominenten Vorworten, mit wissenschaftlichen Anmerkungen, als praktische Synopse zum Urtext, in Ausgaben, die der eigenen kreativen Gestaltung und Gedanken Raum geben.

Den Bibeltext an sich sollte aber jeder Mensch, gläubig oder nicht, lesen können. Die Deutsche Bibelgesellschaft hat mit der Kon-App für die Konfirmandenarbeit und der Lutherbibel 2017, die in Zusammenarbeit mit der EKD in der App zu Die-Bibel.de kostenlos zur

Verfügung gestellt wurde, schon richtige Schritte in diese Richtung gemacht.

Am Beispiel der unterschiedlichen Bibel-Apps und -Ausgaben lässt sich gut beschreiben, wie wichtig Ästhetik und Gestaltung – beides Merkmale der äußeren Gestalt – in unserer mediatisierten Gegenwart sind. Sowohl als Unterscheidungsmerkmal zu anderen Anbietern oder anderen Gemeinschaften als auch als Element der Vergemeinschaftung: Wenn ich die gleichen Informationen auch anderswo bekommen kann, weil sie eben beliebig kopierbar ist, spielt die Verpackung eine größere Rolle als der Inhalt. Was die intuitive Nutzbarkeit und attraktive Gestaltung angeht, fallen digitale Produkte der Kirche regelmäßig gegenüber Konkurrenzprodukten ab.

Der stark ausgeprägte Föderalismus in den großen Kirchen in Deutschland sorgt außerdem dafür, dass eine einheitliche *Corporate Identity* nicht durchgehalten werden kann. Man muss es damit sicherlich auch nicht übertreiben, aber gelegentlich kommt man schon ins Kopfschütteln, wenn Entscheidungsträger:innen der lokalen und regionalen Markenbildung mit Hinweis auf die Tradition und „landeskirchliche Identitätsstiftung“ Vorrang einräumen. Die räumliche Entgrenzung betrifft auch die Kirchen und viele Kirchenmitglieder wissen heute nicht mehr, welchen Einheiten der Kirche sie analog räumlich zugeordnet wurden. Kirchliche Kommunikation muss wenigstens so klar sein, dass ohne Nachfragen deutlich wird, wer kommuniziert.

Digitalkompetenz ist unabweisbar

Auch im persönlichen Umgang miteinander wird die Entgrenzung konkret: Dadurch, dass jede:r jede:n einfach anrufen, anmailen und öffentlich per Social Media anschreiben kann und alle Menschen durch das Internet selbst zu Publizisten werden können, verlieren Hierarchien und Machtgrenzen an Bedeutung. Kirchengemeinde oder Landeskirche, Leitende Geistliche oder Konfirmand:innen –

sie haben alle prinzipiell den gleichen Zugang zu Wissen und Werkzeugen. Manche Menschen verfügen über mehr Erfahrung oder Expertise, aber auch diese Verteilung hängt nicht mehr von willkürlichen organisatorischen Grenzen oder dem Erwerb spezifischer Kenntnisse ab. Wer ein Smartphone und einen Internetzugang hat, kann damit gleichberechtigt an der Informationsweitergabe im Netz teilnehmen.

Auf Social-Media-Plattformen aktiv zu sein, bedeutet grundsätzlich, sich auf diese gleichberechtigte Kommunikationsebene einzulassen. Da bestimmt die innere Gestalt dann die äußere Gestalt. Der protestantischen Kirche müsste dieser partizipative, hierarchiearme Gedanke eigentlich leicht fallen, denn in ihm verwirklicht sich ein Kerngedanke des *Priestertums aller Getauften*. Allerdings bedeutet ein echtes Priestertum aller Getauften auch eine Kakophonie von Auslegungen, die nicht immer alle theologisch gleichwertig kompetent begründet sind. Wie die Regeln dafür innerhalb einer Gemeinschaft strukturiert werden können, ohne willkürliche Grenzen einzuziehen, die Menschen nicht mehr akzeptieren können, ist eine Herausforderung. Das passiert zum Beispiel dann, wenn ein Beitrag zu einer Diskussion über eine Bibelauslegung mit dem Argument abgelehnt wird: „Du kannst das nicht wissen, du hast das ja nicht studiert." Das hierarchisch-normative Argument funktioniert nicht mehr. Man kann sich darauf einigen, dass studierte Theolog:innen *mehr* Wissen in der Bibelauslegung mitbringen, aber dass das der einzige Weg ist, zu einer plausiblen Auslegung zu kommen, ist in einer digitalisierten Gegenwart nicht mehr haltbar.

Demgegenüber gewinnt das Argument der *Erfahrung* hingegen in digitalen Räumen durchaus an Tragkraft. „Ich habe mich länger und intensiver damit beschäftigt", wird weithin als hinreichende Begründung dafür akzeptiert, dass jemand Expert:innen-Status auf einem Feld beansprucht, selbst dann, wenn die Person auf ihrem Feld jahrzehntelang Unsinn getrieben haben sollte. Der Schatz des Erfahrungswissens besteht in der digitalen Gesellschaft aber nicht weiterhin vor allem aus Sachwissen, sondern umfasst auch die Kompetenz, sich in der digitalisierten Welt selbst zu bewegen. Digitalkompetenz ist nichts, was man vollständig an externe Expert:innen outsourcen kann. Gleichwohl ist damit gerade nicht die Herstellung und Bedienung aller möglichen digitalen Werkzeuge gemeint (äußere Gestalt), sondern die Einübung in digitalisierte Grundformen des Zusammenlebens (innere Gestalt).

So müssen in der digitalen Gegenwart häufig neue Regeln für das Gemeinschaftsleben gefunden werden, die den äußeren Rahmen für das gemeinsame Handeln von Menschen in der Kirche bilden.

Die katholische Kirche hat es damit strukturell etwas leichter, weil Regeln dort hierarchischer verfasst werden: Wenn der Bischof und der Generalvikar eines Bistums sich hinter ein Anliegen stellen, öffnen sich sehr schnell neue Räume. Der Weg dahin ist allerdings lang, das zeigt der Synodale Weg der Katholiken in Deutschland ganz gut. Während die Gemeinschaft der Gläubigen längst in der Welt der entgrenzten Hierarchien angekommen ist, hat im Kreis der geweihten Priester, Bischöfe und Kardinäle immer noch der Papst das letzte Wort.

Wie das Finden dieser gemeinsamen Regeln im Alltag aussehen kann, ist von Ort zu Ort unterschiedlich. Der Wille, auf diese Prozesse, Veränderungen und Grenzauflösungen überhaupt aktiv einzugehen, ist dagegen überall nötig und definitiv ein wichtiges Merkmal einer digitalen Kirche. Mit dem Einsatz digitaler Werkzeuge statt Papier und einer aktuellen Internetseite hat das nur mittelbar zu tun: Digitale Kirche beginnt beim Denken.

> Die digitale Gegenwart sorgt für die Auflösung von Grenzen – hierarchisch, räumlich, zeitlich. Eine Kirche, die digital sein möchte, muss damit umgehen. Sie muss die Erwartungen der Menschen in der digitalen Gesellschaft kennen und ihr Handeln daran anpassen.

Kapitel 2:

Wie die Digitalisierung Gemeinde verändert

Große Pläne machen, kleine Schritte gehen

Wenn Sie sich nun dazu entschieden haben, Ihre Kirchengemeinde digitaler zu machen, stehen Sie vor der Herausforderung: Wie machen wir das konkret? Auch wenn digitale Gemeinde ohne die richtige Einstellung nicht funktioniert, muss zum Denken natürlich das Handeln hinzukommen.

Wir erinnern uns: Die innere Gestalt ist die Haltung und die grundsätzliche Bereitschaft zur Vernetzung und Entgrenzung in der Zusammenarbeit. Die äußere Gestalt ist der konkret sichtbare Einsatz digitaler Werkzeuge. Das eine geht nicht ohne das andere: Wenn ich einen Instagram-Account für die Gemeinde eröffne, aber nur der Pfarrer das Passwort des Accounts hat, spiegelt sich darin eine andere innere Gestalt wieder als wenn ich allen Mitarbeiter:innen das Passwort zur Verfügung stelle und wöchentliche sogenannte *Handover* durch verschiedene Verantwortliche gestalte oder jeden Inhalt im Kirchenvorstand absegnen lassen möchte.

Digitale Prozesse in der Gemeinde funktionieren nur dann auf Dauer gut, wenn sie nicht als Beiwerk, Mehrarbeit und nebensächlich betrachtet werden. Eine kritische Masse an Mitmachenden ist wichtig. Digitalisierung ist nicht Kür und Innovation, sondern Notwendigkeit und Alltag. Es gibt daher einige Fragen, die jede Kirchengemeinde für sich beantworten muss, wenn sie sich auf den Weg zur digitalen Gemeinde macht.

Die äußere Gestaltung der digitalen Kirchengemeinde verrät manchmal mehr als uns lieb ist über die innere Gestalt unserer Gemeinschaft, über unser Verständnis von Kirche-Sein. Digitalisierung sorgt nicht per se für Veränderung, aber sie sorgt nicht selten dafür, dass Missstände erkannt werden, weil wir sie durch eine andere Linse, eben die der Digitalisierung betrachten. Wer sich ernstlich auf den Weg macht, die eigene Kirchengemeinde zu digitalisieren, wird immer auch mit Fragen nach dem Verständnis unserer Gemeinschaft als soziale Gruppe am Ort und als Kirche konfrontiert. Das liegt auch daran, dass Digitalisierung niemals wertfrei ist. Es geht eben nie nur um Technik oder Werkzeuge. Der Digitalität wohnen eigene Grundmuster und Überzeugungen inne, die das Leben einer digitalisierten Gemeinde bestimmen.[7] In diesem Sinne ist Digitalisierung Teil von Kirchenentwicklung.

Solche Selbstverständnisfragen sind zum Beispiel: Wollen wir uns darauf einlassen, dass sich althergebrachte, eingespielte Vorgänge verändern dürfen? Wollen wir neue Freiheiten leben? Wollen wir eine neue, größere Gleichberechtigung zwischen Haupt- und Ehrenamtlichen zulassen? Wollen wir eine Gemeinde werden, die stärker bedarfsgerecht statt absender-orientiert handelt? *Für wen* sind wir eigentlich da?

Wer traut sich?

Wenn niemand etwas verändern will, wird sich auch nichts verändern, jedenfalls nicht in absichtlicher Richtung. In allen Kirchengemeinden werden ständig Entscheidungen getroffen, die *etwas* verändern. Zum Beispiel: Jemand entscheidet, nicht mehr zum Gottesdienst zu kommen, und fehlt also in Zukunft, vielleicht nicht

7 Siehe Kapitel 1 – Was ist Digitalisierung?

nur als Gottesdienstbesucher, sondern gar als Lektor:in. Wenn ein Kind geboren wird und die Eltern stehen vor der Entscheidung, ob sie es taufen lassen, nehmen sie mit ihrer Entscheidung konkreten Einfluss darauf, ob und wie ihr Kind in Zukunft von der Kirchengemeinde wahrgenommen wird. Wenn der Kirchenvorstand entscheidet, dass die Kirche tagsüber geöffnet sein soll, verändert sich womöglich das soziale Leben im Umfeld des Kirchengebäudes. Solche Veränderungen sind schleichend und allmählich. Ganz viele kleine Entscheidungen sorgen für große Wirkungen. Große Pläne machen und kleine Schritte gehen, ist ein guter Weg, um ans Ziel zu kommen!

Es ist immer leichter, etwas nicht zu tun, als Neues tatsächlich anzustoßen und umzusetzen. Das stimmt umso mehr, je größer die Idee zur Veränderung ist: Je größer die Veränderung, umso größer auch der Widerstand. Um zu einer breiteren Akzeptanz von Veränderung zu kommen, sollten alle Beteiligten verstehen, dass es um uns herum immer Veränderungen gibt. Es geht darum zu erkennen, welche Veränderungen man als Einzelperson oder als Gruppe überhaupt beeinflussen kann und beeinflussen möchte, denn alle Veränderungen aufhalten geht nicht.

Methodisch hilft es, bei dieser Frage einmal aktiv zu sammeln, was sich in den letzten Wochen, Monaten oder sogar Jahren in der Kirchengemeinde verändert hat und was gleich geblieben ist. Dann kann man gemeinsam überlegen: Welche der Veränderungen fanden wir gut, welche nicht? Wovon hätten wir gern mehr, was hätten wir gern gestoppt? Und was von dem, was gleich geblieben ist, wollen wir aktiv erhalten und was ist einfach nur deshalb so geblieben, weil es niemand hinterfragt hat?

In der Beantwortung dieser Fragen muss man ehrlich sein. Es kann sein, dass sich eine Mehrheit eines Gremiums oder einer Arbeitsgruppe findet, die wirklich etwas verändern will. Es kann ebenso sein, dass eine Mehrheit nichts verändern möchte. Wenn die grundsätzliche Ablehnung von Veränderung eine sehr große Mehrheit findet, kann das jene Menschen, die eine Veränderung vorschlagen, abschrecken. Manchmal gehen sie dann und suchen sich eine andere Gruppe, Gemeinde oder Arbeitsstelle, in der sie mehr Zuspruch erfahren.

Dabei ist ein Kompromiss manchmal schwierig. Natürlich kann man sich darauf einigen, nur an einer kleinen Ecke etwas zu verändern. Aber das hat Folgen. Ein einfaches Beispiel: Die Webmaster wollen die Webseite der Gemeinde in ein modernes Design übertragen und nutzen dafür ein neues technisches System, das einen digitalen Gemeindekalender mitbringt, damit alle Termine automatisch auf der Webseite gezeigt werden können. Der Kirchenvorstand entscheidet sich mehrheitlich für das Design, aber will nichts an der Organisation der Veranstaltungsplanung ändern. Das wird nicht funktionieren. Wer die äußere Gestalt ändern möchte, muss auch bereit sein, die innere Gestalt anzupassen.

Veränderung akzeptieren, mit den Menschen rechnen

„Culture eats strategy for breakfast"[8] ist einer der meistzitierten Sätze in Managementkursen, weil er stimmt: Wie wir in konkreten Situationen handeln, kann jede Festlegung darauf, was man eigentlich strategisch erreichen möchte, direkt wieder umwerfen. Wer Veränderungen möchte, muss akzeptieren, dass Dinge wirklich nicht so sein werden, wie sie vorher waren, und mit dieser Erkenntnis im Herzen auch einverstanden sein. Die Frage ist: Akzeptieren wir, dass manche Dinge nicht so sein werden wie zuvor?

Das „Gelassenheitsgebet" des US-amerikanischen Theologen Reinhold Niebuhr, das von den Anonymen Alkoholikern (AA) und vom Zentrum Innere Führung der Bundeswehr genutzt wird, fasst zusammen: *„Gott, gib mir die Gelassenheit, Dinge hinzunehmen, die ich nicht ändern kann, den Mut, Dinge zu ändern, die ich ändern kann, und die Weisheit, das eine vom anderen zu unterscheiden."*

8 Kultur isst Strategie zum Frühstück.

Das ist als Erinnerungsstütze im Leben wie bei der Digitalisierung einer Kirchengemeinde hilfreich, besonders wenn wir uns einmal kurz die Urfassung des Gebetes anschauen: Da bittet Niebuhr um „courage to change what must be altered, serenity to accept what cannot be helped“, den „Mut zu ändern, was sich ändern muss, Gelassenheit hinzunehmen, was wir nicht verbessern können“. Denn es gibt natürlich Dinge, die sich ändern *müssten*, die wir aber nicht ändern können, weil uns Kraft und Zeit, Engagement und Geduld ausgegangen sind. Digitalisierung für und mit Menschen rechnet damit, dass Menschen nicht mitmachen wollen, der Digitalisierung als Ganzes oder einzelnen digitalen Werkzeugen sehr skeptisch gegenüberstehen.

Teil des Technikglaubens des Silicon Valley ist die Annahme, durch die Digitalisierung würden wir Menschen uns auf magische Weise verändern und zu ganz neuen Menschen werden. Christ:innen wissen, dass wir das – im Hinblick auf die innere Gestalt – nicht werden können. Uns „neu zu machen“ ist Gott und seiner erlösenden Botschaft vorbehalten. Wir können uns verändern lassen, aber unter den Bedingungen unserer gefallenen Welt müssen und können wir auch einen guten Umgang damit finden, dass wir Menschen nun einmal ganz menschlich sind. Und das heißt: Die meisten Menschen bringen nur ab und zu wirklich den Mut für Neues auf.

Müssen wir „alle mitnehmen“?

Es mag im Kontext der Kirche radikal klingen, aber manchmal dürfen Menschen vorangehen und Dinge alleine machen. Wenn eine:r oder zwei dagegen sind – egal, gegen was – und deshalb Entscheidungen nicht getroffen werden, wird ihnen eine Veto-Macht gegeben, die im Normalfall gar nicht gewollt ist. „Einstimmig“ bedeutet andersherum nämlich auch: „Jede Person kann alles aufhalten“. Werfen Sie einen Blick ins entsprechende Kirchengesetz, in dem die Aufgaben und Arbeitsweisen des Kirchenvorstands und vergleichbarer Gremien beschrieben sind! Dort wird in der Regel festgehalten, wie Entscheidungen grundsätzlich getroffen werden sollen – nämlich als Mehrheitsentscheidung und nicht einstimmig. Wenn es *de jure* ein Veto gibt, zum Beispiel durch den Pfarrer in katholischen Pfarreien, ist das explizit erwähnt.

Es ist übrigens ok, wenn nach Mehrheitsabstimmungen die Nein-Stimmen den angestoßenen Prozess auch weiterhin kritisch beobachten. Das kann sogar positive Effekte haben, weil dann die Frage nach dem tatsächlichen Erfolg ernsthaft gestellt wird. Es ist möglich und nicht selten nötig, dass sich einzelne Menschen schon auf den Weg begeben, vor dem andere noch zurückschrecken. Das wandernde Gottesvolk braucht immer auch eine Nachhut. Skeptiker:innen können in den Digitalisierungsprozess wertvolle Erkenntnisse einspeisen, zum Beispiel über das Nutzungsverhalten der Menschen, die sie besonders im Blick haben.

Für die Frage, ob eine Gemeinde digitaler werden kann, ist die Abkehr von der Einstimmigkeit aber wichtig. Denn in die Zukunft orientierte Experimente werden immer auf Widerstand bei jenen treffen, die nicht wollen, dass sich etwas verändert. Menschen mitzunehmen bedeutet, ihnen zu erklären, was passiert, ohne sie zu zwingen, sofort daran teilnehmen zu müssen. Die Frage ist: Haben wir Regeln, die vorausschauende Entscheidungen ermöglichen? Und: Haben wir einen guten Umgang mit denen, die nicht einverstanden waren, auch wenn wir es trotzdem machen?

Verlassen Sie sich auch bei Entschlüssen zur Digitalisierung Ihrer Kirchengemeinde auf die vom Kirchenrecht vorgeschlagenen Routen: Sie sind nicht selten viel besser als lokale Leitungskulturen.

Mit einer kleinen Gruppe von Menschen voranzugehen ist einfacher, als auf allgemeine Zustimmung zum Satz „Jetzt kommt mal alle mit!" zu hoffen. Ja, das Gottesvolk zieht mit Mose aus Ägypten aus, aber die innere Gestalt des Volkes verändert sich erst auf dem Weg. Diesen Weg geht Mose nicht allein, sondern bedarf der Hilfe anderer Akteur:innen, die mit Politik und Inspiration helfen.

Meine engen Grenzen: Hilfe suchen

Machen wir uns einmal ganz ehrlich: Aus jahrelanger Erfahrung und sehr vielen Gesprächen mit Ehrenamtlichen und Hauptamtlichen aus den Kirchen wissen wir Autoren, wie schwer gerade der Anfang der Digitalisierung einer Kirchengemeinde ist. Es müssen wirklich viele Hürden übersprungen werden, denn Mentalität, Milieus und der Zeitgeist in unseren Kirchen deuten eher in Richtung Verzagtheit, Bewahrung und Selbstaufgabe. Da können so ein paar engagierte Digitalisierungs-Fans empfindlich stören! Häufig handelt es sich bei den Digitalisierer:innen um Menschen, die mit den Leitungskulturen in unseren Gemeinden und Kirchen wenig vertraut und schlecht vernetzt sind, denen eine eigene Machtbasis fehlt. Gerade wenn Jugendliche durch solche Grenzen abgeschreckt werden, verbauen wir uns nicht nur den Weg zur Digitalisierung, sondern auch zur Zukunft der Kirche allgemein.

Wer Digitalisierung anschiebt, braucht Hilfe. Umso mehr gilt das für diejenigen, die nicht nur ein Strohfeuer-Projekt initiieren wollen, sondern langfristig digital in der Kirchengemeinde arbeiten wollen. Alles, was mal jemand angefangen hat, muss, damit es weitergeht, auch jemand weiter machen. Das jahrelange Mitleben und Mitleiden mit digitalbegeisterten Christen hat uns gelehrt: Hier geht enorm viel kaputt! Engagierte Kirchenmitglieder werden durch unnötige Verzögerungen und Hürden demotiviert und entmutigt. Nicht wenige haben sich wegen solcher Erlebnisse schon von ihrer Kirchengemeinde abgekehrt. Die Arbeit an der Digitalisierung umfasst für Hauptamtliche in den Kirchengemeinden deshalb auch die Seelsorge an den ehrenamtlichen Digitalisierer:innen.

Viele kleine digitale Flammen sind in den vergangenen Jahren schnell wieder erloschen. Das ist nicht per se schlimm.[9] Um Enttäuschungen vorzubeugen, bedarf es aber eines einigermaßen realistischen Erwartungsmanagements. Auch hier sind die Hauptamtlichen und die Gemeindeleitung gefragt: Welche Ressourcen stehen überhaupt zur Verfügung? Wie viel Arbeitszeit und Geld können wir einsetzen? Wie viel Zeit geben wir uns für einen neuen Prozess? Dabei kann es helfen, von vornherein in Projekten zu denken. Nichts auf Erden ist für die Ewigkeit.

Woher kommt mir Hilfe?

Um Kirchengemeinden bei der Digitalisierung zu helfen, hat sich in den vergangenen Jahren ein erstaunlich großes Netz an Akteur:innen etabliert. Da wären in den einzelnen Bistümern und Landeskirchen: Internetbeauftragte, Öffentlichkeitsarbeiter:innen und IT-Abteilungen. Zuständigkeiten und Aufgabenspektren der einzelnen Abteilungen und Beauftragten sind zum Teil sehr unterschiedlich, aber es gibt sie: Jene Menschen, deren vornehmliche berufliche Aufgabe die Digitalisierung ihrer Kirche ist. Das ist immer noch relativ neu in unseren Kirchen und stellt einen großen Fortschritt im Vergleich zu den 2000er Jahren dar.

Die Vielfalt an Digitalisierungsthemen und auch so mancher *Hype*, der in den vergangenen Jahren durch die Tech-Branche flitzte,

9 Siehe Kapitel 2 – Die schwierigste Aufgabe: Die Dinge bleiben lassen.

hat die Fokussierung kirchlicher Arbeitsstellen und -strategien auf das, was wirklich anliegt, deutlich erschwert. Internetbeauftragte der Kirchen beschäftigen sich gerne mal mit KI, dem Metaversum oder Robotik. Auch die Reflexion solcher digitaler Trends ist natürlich wichtig, aber die Unterstützung von Kirchengemeinden und engagierten Haupt- und Ehrenamtlichen in der Fläche bleibt auch in den 2020er Jahren eine Herausforderung.

Wenn wir Autoren sagen: „Suchen Sie sich Hilfe in ihrer Kirche!", dann wissen wir darum, dass eine solche praktische Unterstützung leider nicht überall zu finden sein wird. Dieser Befund sollte aber nicht dazu führen, nicht aktiv nach Unterstützung zu suchen und nachzufragen und dabei das Kirchenorganigramm nach „oben" abzuklappern. Nur wenn auch die Leitungsebenen von Bistümern und Landeskirchen vom tatsächlichen Bedarf an konkreter Unterstützung erfahren, kann sich am Beratungsnotstand in den Kirchen etwas ändern. Schreiben Sie zum Beispiel einen Brief an Ihre Landesbischöf:in , den Generalvikar oder die Synodenpräsident:in.

Häufiger noch als überhaupt keine Hilfe zu finden, kommt es hingegen vor, dass Hilfsangebote der eigenen Kirche übersehen oder aktiv ausgeschlagen werden. So manches Puzzleteil der Digitalstrategien unserer Kirchen wird gut versteckt. Hier setzen sich bei der Digitalisierung Probleme fort, die wir in unseren analogen Kirchen zur Genüge kennen: Die rechte Hand weiß nicht, was die linke tut. Gerade der Austausch über mehrere Ebenen und kirchliche Handlungsfelder hinweg – zum Beispiel zwischen Akademien und Kirchengemeinden – ist wahnsinnig schwer, weil gleich eine ganze Kette von Multiplikator:innen eingebunden werden muss. Es ist wie beim Stille-Post-Spielen, nur dass auf einmal jemand nicht mehr mitspielen will und weggeht. Stellen Sie auf alle Fälle sicher, dass die – vermutlich – zuständigen Stellen in Ihrer Kirche von Ihnen hören. Zumindest werden so Bedarfe sichtbar und Sie verschaffen sich Zugang zu weiteren Informationen oder zukünftig zu schaffenden Unterstützungsstrukturen.

In vielen Kirchen gibt es bereits etablierte Unterstützungsstrukturen für Kirchengemeinden und einzelne Haupt- und Ehrenamtliche. Es besteht auch ein umfangreiches kirchliches Fortbildungsangebot. Fordern Sie Hilfe ein und suchen Sie nach Unterstützung auch jenseits ihres eigenen Sprengels, zum Beispiel bei Akademien und Fortbildungsangeboten von Nachbarkirchen. Sprechen Sie Internet- und Öffentlichkeitsbeauftragte aktiv an. Diese können dann auf schon bestehende Hilfsangebote hinweisen, die Sie andernfalls vielleicht übersehen hätten.

Der technische Support

Neben der Zusammenarbeit an ähnlichen Ideen und Projekten ist ein zweiter Strang der Vernetzung die konkrete, oft technische Unterstützung. Wenn unklar ist, wie eine Idee umgesetzt werden kann, lohnt es sich, nach diesen spezifischen Kompetenzen zu fragen. In der Corona-Zeit haben wir diese Dynamik beim Thema Livestream von Gottesdiensten beobachten können. Konfirmand:innen waren auf einmal als Expert:innen gefragt und die Digitalbeauftragten in Kirchenkreisen und Landeskirchen konnten sich vor Anfragen kaum retten. Auf einen Schlag war eine ganz spezielle Kompetenz gefragt – und es gab sie auch!

Kirchengemeinden können das schon seit Jahrzehnten gut im Bereich des Bauwesens: Architekt:innen, Bauingenieur:innen und Denkmalschützer:innen sind oft gefragte Beratungspartner. Dass dafür Geld in die Hand genommen wird, wenn man nicht gerade eine Architektin im Kirchenvorstand sitzen hat, ist selbstverständlich und nicht selten sogar per Kirchengesetz vorgeschrieben. Diese Haltung kann auch auf alle anderen Bereiche übertragen werden, in denen die Kirche strategisch handeln muss. Wer ein großes Adressbuch in der Gemeinde aufbaut von allen möglichen Spezialist:innen, hat es leichter, konkrete Probleme direkt zu lösen.

Die Frage ist: Wissen wir, wer in unserer Umgebung welche Fähigkeiten anbieten kann – und können wir eine solche Sammlung von Spezialist:innen-Kontakten aufbauen? Sprechen Sie daher zum Beispiel auch IT-Firmen und Designbüros vor Ort an! Nicht selten entpuppen sich die Inhaber:innen und Mitarbeiter:innen sogar als Kirchenmitglieder, die gerne helfen wollen, aber noch nie um ihren Ratschlag gefragt oder zur Mitarbeit eingeladen wurden.

Inzwischen gibt es in den großen Kirchen verabredete Abläufe und fest angestellte oder beauftragte ITler:innen, also Fachkräfte für die Installation und Pflege der eingesetzten Informationstechnik. Es gibt auch Empfehlungen und Vorschriften zum Einsatz von Technik in den Kirchen. Nicht immer entsprechen diese zwar den Wünschen vor Ort, aber Beachtung sollten Sie ihnen schon schenken. Nicht zuletzt sind an die Nutzung bestehender IT-Infrastrukturen wie Webseiten-Vorlagen, Hardware-Shops und IT-Büros auch konkrete Vorteile geknüpft oder eine Förderung davon abhängig, dass Kirchengemeinden diese Angebote nutzen. Nutzen Sie, was schon vorhanden ist, auch wenn es nicht zu 100% Ihren Ansprüchen oder Wünschen entspricht.

Schließlich wird man trotz Werkzeugen und Hilfsmitteln, die von Kirchenkreisen oder Landeskirchen / Bistümern für alle ihre Pfarreien oder Gemeinden beschafft werden, wie zum Beispiel Webseiten-Kits oder Software-Lösungen, manchmal nicht umhin kommen, externe Auftragnehmer zu beauftragen. Ein guter Hausmeister repariert den Siphon am Waschbecken des Gemeindehauses selbst, aber die Renovierung der Toiletten wird in die Hände eines Fachbetriebs gelegt. Genauso sollte es selbstverständlich sein, dass grundständige digitale Tätigkeiten – so sie denn wirklich nötig sein sollten – von Profis erledigt werden. Das darf auch Geld kosten.

Der technische Support digitaler Infrastrukturen ist nicht Aufgabe der Haupt- und Ehrenamtlichen im Verkündigungsdienst. Wo innerkirchliche Angebote und Infrastrukturen nicht ausreichen, sollten Sie – analog zum Beispiel zum Bauwesen – professionelle Hilfe von außerhalb der Kirchenmauern dazu holen.

Networking gegen die Einsamkeit

Digitalisierung schließt die Überwindung von hierarchischen und geografischen Grenzen ein. Auch außerhalb des digitalen Raums steht keine Kirchengemeinde für sich allein. Vom Pastoralen Raum angefangen über Kirchenkreis oder Dekanat bis hin zu Bistum und Landeskirche gibt es Partnerorganisationen in der eigenen Kirche, die manche Aufgaben und Angebote übernehmen können. Hinzu kommen säkulare Nachbarn wie die staatliche Gemeinde, Vereine und Organisationen, mit denen man zusammenarbeiten kann. Es gibt andere Religionsgemeinschaften, die in der gleichen Nachbarschaft wirken. Es gibt lokale Geschäfte, Theater, Veranstaltungsräume und so weiter.

Alle diese lokalen, religiösen, säkularen oder thematischen Nachbarn sind da und haben vielleicht sogar die gleichen oder ähnliche Ideen oder stehen vor denselben Problemen wie Ihre Kirchengemeinde. Es lohnt sich allemal, mit ihnen zu sprechen!

Das kann der Gastwirt vor Ort sein, um mit ihm ein Gemeinschaftsessen in der Kirche zu planen. Es könnte die benachbarte Moschee sein, die ebenfalls ein Straßenfest machen möchte. Es könnte ein Laientheater sein, das sich vom Kirchenraum inspirieren lässt. Die Möglichkeiten zur Vernetzung sind endlos. Alles beginnt mit einem Gespräch, auch konfessions- und religionsübergreifend. Die Frage ist: Wer hat ähnliche Ideen wie wir? Wen können wir zu einem ersten Gespräch treffen, um einfach mal zu hören, ob sie eine Idee zur Zusammenarbeit haben?

Ein häufig wiederholter Satz im Digitalisierungsdiskurs der Kirchen ist, dass #digitaleKirche keine Landeskirchen- oder Bistumsgrenzen kenne. Beim Blick auf die häufig nebeneinander her laufenden Digitalisierungsstrategien von Landeskirchen und Bistümern kommt man da ins Zweifeln. Es kocht doch jeder immer noch gern sein eigenes Süppchen! Doch sowohl auf höheren Kirchenleitungsebenen, zum Beispiel der IT-Konferenz der EKD, als auch auf Graswurzelebene gibt es bereits zahlreiche vernetzte Strukturen.

Gerade Digitalbegeisterte aus kleineren Kirchen und/oder strukturschwachen Regionen sind darauf angewiesen, sich anderswo umzuschauen und Hilfe zu suchen. Sie sind mit diesem nachbarschaftlichen *Mindset* der vernetzten Arbeit über traditionelle Organisationsgrenzen hinweg ihren Kirchen voraus: Der schrittweise Rückbau kirchlicher Infrastruktur aufgrund des Rückgangs der Kirchenmitgliedschaft wird solches Handeln in Zukunft auch dort notwendig machen, wo heute noch der Glaube vorherrscht, man könne alles alleine für sich regeln.

Not macht erfinderisch und Kirche kann heute schon nicht als alles bestimmender *Player* auftreten. Sich mit anderen Akteur:innen zu vernetzen, bedeutet immer auch, einen Teil der Deutungs- und Handlungshoheit aufzugeben. Das kann für die an Reichtum und Macht gewohnten Kirchen in Deutschland nur von Vorteil sein. Denken wir einmal an Jesus, von dem in den Evangelien häufig genug berichtet wird, dass er bei Freunden und Unterstützern auf seinen Reisen untergekommen ist, ein Dach über dem Kopf und einen gedeckten Tisch vorfand. Auch unseren Kirchengemeinden heute wird nicht selten ein Tisch bereitet, wenn sie ihre Umgebung nicht als ihnen feindlich oder skeptisch gegenüber eingestellt wahrnehmen, sondern sich als Partner im Sozialraum anbieten.

Die Notwendigkeit vernetzter Arbeit ist eine der Grundprinzipien der digitalisierten Gesellschaft. Auch hier verändert Digitalität vielleicht zunächst die äußere Gestalt von Kirche, hat aber transformierende Auswirkungen darauf, wie wir uns als Kirche verstehen (innere Gestalt).

Vom Ehren- und Hauptamt in der Kirche

Mehr Gleichberechtigung wagen!

Kirchengemeinden beider großen Konfessionen sind in der Praxis sehr vom Hauptamt geprägt. Besonders in den katholischen Pfarreien ist der „Herr Pfarrer“ immer noch der Chef, unter anderem auch deshalb, weil er meistens für die wirtschaftliche Lage der Pfarrei verantwortlich ist. Auch in evangelischen Gemeinden ist die Erwartung der Ehrenamtlichen oft, dass die Hauptamtlichen für die Lösung aller Probleme zuständig sind.

Es stimmt, dass die hauptamtlich Angestellten oft mehr Zeit haben als die Ehrenamtlichen, auch wenn sie unbestritten in Zeiten knapper Stellenzuschnitte voll ausgelastet sind. Gleichzeitig liegen bei den Ehrenamtlichen oft Kompetenzen und Erfahrungen, die Kirchenangestellte nicht haben. Wer im Beruf einen Handwerksbetrieb leitet, kann notwendige Bauarbeiten an Kirchen und Gemeindehäusern oft besser einschätzen als der Pfarrer. Wer als Jugendliche:r selbst ständig auf TikTok unterwegs ist, hat mehr Ahnung von Medientrends als Diakon:innen, die nicht auf Social Media präsent sind.

Zudem werden mit Blick auf die sinkenden Kirchenmitgliedszahlen die Verteilungsschlüssel von Hauptamtlichen zu Gemeindegliedern deutlich schlechter. Ob das immer sinnvoll ist, sei dahingestellt, aber in der Realität bedeutet das: Gabenorientiertes Arbeiten muss auch mit Ehrenamtlichen umgesetzt werden, und ohne sie werden viele Wünsche an das Gemeindeleben nicht erfüllbar sein.

Wer Ehrenamtliche stärken will, muss ihnen dann auch echte Verantwortung geben, Entscheidungen zu treffen. Die Gemeindeleitung – sei es ein Kirchenvorstand oder ein Pfarrer – müssen die Beauftragungen, die sie aussprechen, mit einer guten Portion Vorschussvertrauen vornehmen, dass die Beauftragten gute Entscheidungen treffen. Auch diese Entscheidungen dürfen hinterfragt und in ihrer Qualität überprüft werden. Aber Ehrenamtliche sollten sich nicht für jede Kleinigkeit bei jemand anderem rückversichern müssen. Der Abbau von hierarchischen Grenzen durch die Digitalisierung spiegelt sich damit auch im analogen Miteinander wieder. Die Frage ist: Sind wir bereit, Ehrenamtlichen mit ihren Aufgaben auch echte Entscheidungsgewalt zu übergeben?

Aus der Evangelischen Jugend, der wir Autoren eng verbunden sind, wissen wir von der transformierenden Kraft des ehrenamtlichen Engagements: Wo Hierarchien eingerissen werden und nach demokratischen Prinzipien gabenorientiert zusammengearbeitet wird, verwirklicht sich nicht nur ein urgemeindlicher *Spirit*, sondern wird eine Dynamik angestoßen, die viele Menschen ihren Kirchen gar nicht mehr zutrauen. Jeden Tag erleben wir Autoren in unseren – durchaus verschiedenen – beruflichen Kontexten, wie klug, interessiert und ressourcenstark die Menschen sind, die sich in unseren Kirchen ehren- und hauptamtlich engagieren. Durch ihr Engagement – biblisch gesprochen: ihre Nachfolge – verändern sie ihr Leben aktiv und verändern unsere Kirchen. Wenn Digitalisierung ihre Anstrengungen auch nur ein wenig erleichtert und sichtbarer macht, hat sie ihren Zweck erfüllt.

> #digitaleKirche meint auch, nicht mehr von Helferinnen und Helfern, sondern gut evangelisch von Mitarbeiterinnen und Mitarbeitern zu sprechen. Der Arbeiter:innen im Weinberg des HERRn sind stets zu wenige. Umso wichtiger ist es, die Gaben und Talente, die Arbeitszeit und -kraft von Ehrenamtlichen wertzuschätzen. Die größte und wichtigste Wertschätzung ist die Gleichberechtigung (Dankeschön-Geschenke helfen aber auch).

Nein-Sagen üben

„Wer soll das denn eigentlich machen? Und wann?“ – Das sind wohl die häufigsten Fragen, wenn es an die Arbeit geht, eine Kirchengemeinde zu digitalisieren. Die Angst der Hauptamtlichen, vor allem von Pfarrer:innen und Verwaltungskräften, mit einem ganz neuen Aufgabenfeld betraut zu werden, dies aber neben den bereits bestehenden Pflichten beackern zu müssen, ist allgegenwärtig – und sehr verständlich. Schnell ertönt dann der Ruf nach den Ehrenamtlichen oder nach Unterstützung von anderen Ebenen der Kirche.

Tatsächlich müssen alle drei Akteur:innengruppen zusammenarbeiten, wenn die Digitalisierung einer Kirchengemeinde gelingen soll – allerdings nicht an allen Aufgaben und zu jedem Zweck.

Wichtig ist vor allem, dass wechselseitige Ansprüche und Beauftragungen im Vorfeld geklärt werden. Woher kommt uns Hilfe? Was ist Aufgabe von Pfarrer:innen, von anderen Hauptamtlichen – und was können Ehrenamtliche leisten?

Zum Dienstauftrag von Pfarrer:innen, Gemeindepädagog:innen und Diakon:innen sowie Kirchenmusiker:innen gehört die Verkündigung. Digitale Medien stellen dafür weitere Ausgabekanäle zur Verfügung, die von den Akteur:innen im Alltag selbst gestaltet werden können und es praktisch häufig auch müssen. Damit ist nicht gemeint, dass Mitarbeiter:innen im Verkündigungsdienst eine Gemeinde-Webseite erstellen oder den technischen Support für einen YouTube-Kanal oder auch nur die Pflege von Social-Media-Accounts übernehmen müssen. Ihre Aufgabe ist es vielmehr, für den jeweils anvisierten Kanal geeignete Inhalte – den ominösen *Content* – zu produzieren.

Und in ihren Händen liegt – jedenfalls zunächst – die Organisation des Arbeitsprozesses, weil sie als hauptberuflich in der Kirche beschäftigte Menschen in einer digitalisierten Welt eben Zeit und Kraft dafür haben müssen. Digitale Kommunikation ist kein Gimmick, sondern ein integraler Bestandteil der Kommunikation des Evangeliums.

In den Kirchen nehmen an der Verkündigung im Sinne des Priestertums aller Gläubigen auch nicht-ordinierte Menschen oder nicht-geweihte Personen – sogenannte Laien – teil. Sie sind nicht bloße Helfer:innen für die Hauptamtlichen, sondern agieren aus einer eigenen Legitimation heraus und mit ihren jeweiligen Kompetenzen, die sie sich im Leben und im Beruf angeeignet haben. Zweifelsohne stellen sie einen Schatz unserer Kirchen dar. Weil sie so kostbar sind, stellt sich für die Hauptamtlichen die Herausforderung, ihrem Engagement nicht im Weg zu stehen und sie durch geistliche und administrative Begleitung zu stärken.

Natürlich können auch Ehrenamtliche die letzte Verantwortung für digitale Kanäle der Gemeinde übernehmen, wenn man dieses Engagement über eine ordentliche Beauftragung nach den jeweils geltenden Regeln absichert. Bei Licht betrachtet, bringen sowohl evangelische Landeskirchen als auch katholische Bistümer bereits eine Menge an Regeln, Verfahren und Hilfsmitteln für die Zusammenarbeit von Ehren- und Hauptamtlichen mit, die allerdings bisher zu selten für die digitale Arbeit der Gemeinden eingesetzt werden. Kirchengemeinden sollten Ehrenamtliche aber mutig für den digitalen Dienst beauftragen, einsegnen und ausbilden – nach allen Regeln der Kunst.

In einigen Landeskirchen und Kirchenkreisen gibt es auch sogenannte Ehrenamtspauschalen, die bisher an Helfer:innen in der Gemeinde (zumeist Küster:innen, Hausmeister:innen etc.) gezahlt werden. Es spricht viel dafür, auch die digitale Infrastruktur einer Gemeinde in diesem Sinne mitzubedenken. Ziel sollte in jedem Fall eine digitale Infrastruktur sein, die Ehren- und Hauptamtliche ohne viel Federlesens alltäglich gebrauchen können. Dann macht die gemeinsame Arbeit an digitalen Produkten Spaß. Nur erfüllende Arbeit wird fleißig erledigt und kann auf nachhaltigen Erfolg hoffen.

Im Miteinander von Haupt- und Ehrenamtlichen kommt es auch darauf an, rechtzeitig „Nein!" zu sagen. Weder sollten sich Hauptamtliche von ihren ehrenamtlichen Gemeindeleitungen zu Arbeit drängen lassen, die ihr Zeit- und Kraftbudget sprengt, sodass sie im schlimmsten Fall krank und unglücklich werden. Noch sollten Ehrenamtliche über das Maß ihrer Kompetenzen und Beauftragung hinaus den Hauptamtlichen „Arbeit abnehmen", die eigentlich professionell oder kirchenamtlich erledigt werden muss. Auch hier macht die Digitalisierung nicht selten Missstände in den Arbeitsabläufen und -zumessungen der Kirchengemeinden sichtbar, die Mitarbeiter:innen auch auf anderen Handlungsfeldern bedrücken.

Wenn alle Akteur:innen von Beginn des Prozesses an ehrlich miteinander sind, kann auch die Eroberung eines neuen Arbeitsfeldes zusätzlich zu bestehenden Gemeindeaufgaben gelingen. Gleichwohl kann, ohne dass man die revolutionäre Kraft der Digitalisierung übertriebe, das Nachdenken über die Digitalisierung der

Gemeinde auch dazu anregen, über den Wegfall von bestehenden, aber fruchtlos gewordenen Aufgaben gemeinsam nachzudenken.[10] Am besten ist es sowieso, wenn man aus dieser Entweder-Oder-Logik aussteigt, und vermehrt nach Synergien mit bestehenden Aufgaben fragt – und danach, wie die Digitalisierung der Gemeinde die Zusammenarbeit aller am Gemeindeleben beteiligten Personen vereinfachen und beleben kann.

Es ist zielführender, die Digitalisierung der Kirchengemeinde nicht als ein neues, zusätzliches Handlungsfeld zu begreifen, sondern als Unterstützung der bereits bestehenden Arbeit. Wo kann digitales Arbeiten uns helfen? Welche digitalen Formate können unsere Gemeinschaft stärken und die Menschen in unserer Gemeinde zusammenführen? Die Fragen müssen sich digital affine und analog arbeitende Menschen gemeinsam stellen.

Plötzlich gemeinsam

Ein kurzes Beispiel für eine transformierende digitale Praxis:
In einer Kirchengemeinde, die sich über sechs Orte erstreckt, kümmern sich viele Menschen herzlich um die Ordnung in den Kirchen und Gemeindehäusern. Hauptamtliche Hausmeister:innen gibt es aber an keinem der Kirchorte mehr. Bisher haben Ehrenamtliche die Kirchen für Gottesdienste, Kasualien und Konzerte hergerichtet. Ihren jeweiligen Einsatz koordinieren die Ehrenamtlichen an jedem Kirchturm selbst, aber weil niemand von den ehrenamtlichen Lektoren und Küstern mehr im Gemeindekirchenrat sitzt, müssen sie sich ihre Informationen aus dem Gemeindebüro im größten Ort des Gemeindegebiets abholen. Weil die Öffnungszeiten aber nur kurz sind, schaffen es die noch berufstätigen Ehrenamtlichen nie dorthin, Senior:innen müssten mit dem Rufbus fahren. Deshalb rufen die Ehrenamtlichen aus den Ortschaften nun gezwungenerma-

10 Siehe Kapitel 2 – Die schwierigste Aufgabe: Die Dinge bleiben lassen.

ßen Pfarrerin Fischer telefonisch an, die mit ihnen die jeweiligen Termine am Hörer bespricht.

Vom letzten Advent aber weiß Pfarrerin Fischer, dass die Ehrenamtlichen alle WhatsApp auf ihrem Smartphone nutzen, denn ihren dort verteilten Audio-Adventskalender hören sie sehr gerne. Deshalb entsteht die Idee, eine eigene Messenger-Gruppe für die Kirchner:innen der Gemeinde zu gründen, in die Gemeindesekretär Herr Müller und Pfarrerin Fischer wichtige Informationen einstellen können. Gleichzeitig können die Ehrenamtlichen die Gruppe für den gegenseitigen Austausch nutzen, zum Beispiel über Ideen für die kirchenjahreszeitliche Gestaltung der Kirchenräume, den Verleih von Geräten oder gegenseitige Hilfe über Ortsgrenzen hinweg.

Die Leitung der Messenger-Gruppe übernimmt Frau Goldig. Sie erinnert auch die Hauptamtlichen daran, regelmäßige Updates einzustellen und greift gelegentlich mäßigend in die angeregten Diskussionen über Paramente und Weihnachtssterne ein. Herr Blechschmidt und seine Mitstreiter aus Silberbach werden dieses Jahr übrigens auch den Christbaum für die Nachbarkirche in Eisenstedt auf seinem Anhänger transportieren und in der kleinen Kirche aufstellen. Denn dort gibt es keine:n mehr, der dafür noch kräftig und gesund genug wäre. Seit neuestem sind auch zwei Konfirmanden aus Schatzhausen Mitglied der Messenger-Gruppe, denn dort versehen traditionell die Konfis den Küsterdienst. Was ein Parament überhaupt ist, haben die beiden erst in der Küster:innen-Messenger-Gruppe gelernt und fragen sich jetzt, wie man die liturgischen Farben auch außerhalb der Kirchenräume stärker nutzen könnte.

Das gute Recht der Digitalbegeisterten

Digitalisierung ist ein Prozess, der von und für Menschen gestaltet wird. Allzu häufig und zu schnell stehen die technischen Werkzeuge im Mittelpunkt der Überlegungen, nicht der Nutzen für die Menschen, die mit ihnen arbeiten sollen. Wenn wir den Fokus stattdessen auf die Nutzer:innen legen, wird schnell klar: Wir leben längst in einer digitalisierten Welt. Digitalisierung findet längst statt! Bis ins hohe Alter hinein sind Menschen in unserer Gesellschaft umgeben von digitalen Werkzeugen, die sie alltäglich benutzen. Das gilt im besonderen Maß für die aktiven und an Ressourcen reichen Ehrenamtlichen in den Kirchen.

Auf Fortbildungen und Veranstaltungen begegnen uns Autoren viele Menschen, die große Sehnsucht nach einer digitalisierten Kirche haben. Ihr Enthusiasmus ist groß, weil sie die Möglichkeiten erkennen, wie ihre Kirche mit den Menschen in den Kirchengemeinden, in den Stadtteilen und Ortschaften im Kontakt bleiben könnte – und mit Menschen (wieder) neu in Kontakt treten könnte, die sich von der Kirche entfremdet haben. Diesen Enthusiasmus, der sich nicht selten aus einer persönlichen Sehnsucht nach einer zugewandten Kirche speist, gilt es wahrzunehmen, wertzuschätzen und zu fördern.

Was darum unbedingt vermieden werden sollte, ist Ehrenamtlichen mit Ideen und Lust kurz angebunden „abzusagen", nicht selten mit einem Verweis auf irgendwelche „geltenden Regeln" in Kirchenkreis oder Landeskirche. Digitalisierung als Prozess von und für Menschen hinterfragt viele bestehende Traditionen und Regelungen. Das ist in jedem Fall ein Gewinn, auch wenn sich durch das gemeinsame Nachdenken herausstellen sollte, dass „das Alte" seine gute Berechtigung hat. Digitalisierer:innen haben nicht immer Recht, aber immer das gute Recht nachzufragen.

Das Rad nicht neu erfinden

Kirche und Gemeinde müssen das Rad nicht neu erfinden. Dabei ist das durchaus beliebt! Sie sind schließlich alle eigenständige Körperschaften öffentlichen Rechts, wissen immer am Besten, was genau zu ihnen passt – und zwar nur zu ihnen, denn selbst die Gemeinde im Nachbardorf sind immer schon die Anderen mit den seltsamen Ideen! So jedenfalls das überspitzte Selbstbild. Die Realität sieht anders aus.

Zum Auftrag der Kirche gehört es, für hilfsbedürftige Menschen da zu sein, gemeinsam zu singen, zu feiern, Gemeinschaft zu leben und vom Evangelium zu erzählen. Für diese Aufgaben soll sie sich aller Werkzeuge bedienen, die sie braucht. Dazu gehören Musikinstrumente und Gesangbücher ebenso wie Kirchen und Gebäude und natürlich Medien und Software. Die Energie der Menschen in der Kirche sollte sich aber darauf richten, ihren Auftrag zu erfüllen – nicht darauf, Werkzeuge erst herzustellen, wenn es doch schon gute gibt. Die Ressourcen sind begrenzt: Wofür setzen wir sie sinnvoll ein?

Eine einzelne Kirchengemeinde kann natürlich nicht in den gleichen Größenordnungen denken wie ein Erzbistum aus dem 8. Jahrhundert nach Christus. Aber die Frage ist die gleiche: Müssen wir das wirklich neu oder selbst machen, wenn wir doch einfach eine Lösung einkaufen können? Zu Zeiten, als das Geld der Kirche noch endlos schien, baute man Kirchen, die selbst für damalige Verhältnisse vor allem beeindruckende Statussymbole waren. Diese Zeiten sind vorbei. Heute würde niemand mehr auf die Idee kommen, ein Werk wie den Kölner Dom oder das Ulmer Münster auch nur zu beginnen.

Auf bestehende Lösungen zurückzugreifen, kann allerdings auch heißen, die eigenen Arbeitsweisen an Standards anzupassen, die von diesem Werkzeug vorgegeben werden. Das ist nicht immer selbstverständlich, weil sich Kirche eben doch ganz oft noch für sehr exklusiv hält, als ob sie Probleme oder Ansprüche hätte, die nur mit Eigenentwicklungen zu beheben seien. Das ist aber nicht so. In solchen Gesprächen erinnern wir gerne an das *Pareto-Prinzip*: Mit deutlich weniger Aufwand ist das gewünschte Ergebnis größtenteils erreichbar. Für die letzten 20% eines Ziels werden 80% des Gesamtaufwandes benötigt, ist die einschlägige Regel. So ist das gleiche Ziel oft mit weniger elaborierten Methoden erreichbar, wenn man an einigen weniger wichtigen Stellen Abstriche macht.

Wenn in unseren Kirchen ein Gemeindehaus gebaut wird, kaufen Kirchenämter und Gemeinden auch nicht zuerst Baupläne, um in Eigenregie das Werkzeug zusammenzuschrauben, das sie auf der

Baustelle brauchen. Sie beauftragen eine Baufirma, die das richtige Werkzeug schon hat, über das notwendige Know-How und die Spezialist:innen verfügt, die das Gemeindehaus dann tatsächlich bauen. Die Kirche muss eine kompetente Bauherrin sein, um sicherzustellen, dass das Gebäude seinen Zweck erfüllt. Alles andere machen Menschen, deren Auftrag es ist, Häuser zu bauen.

Auf Standard-Lösungen setzen

Auch Software ist ein Werkzeug, das Menschen in der Kirche dazu nutzen können, ihren Auftrag zu erfüllen. Während der Corona-Pandemie konnte die Kirche mithilfe von Software ihre zahlreichen Online-Aktivitäten umsetzen und auf diese Weise weiter für Menschen da sein, Gemeinschaft leben und vom Evangelium erzählen. Dafür haben die meisten Akteur:innen auf bewährte Lösungen gesetzt, von YouTube bis zu Zoom. Das ist auch richtig so, denn im digitalen Raum gibt es (fast) nichts, wofür nicht schon jemand eine Lösung gefunden hat.

Kein Bistum, keine Landeskirche und erst recht keine einzelne Kirchengemeinde hat versucht, in den Corona-Jahren ein eigenes Videokonferenz-System von Grund auf zu bauen. Manche haben sich an kostenlosen, aber weniger leistungsfähigen Open-Source-Systemen wie Jitsi oder Big Blue Button versucht. Manche haben die Webkonferenz-Möglichkeiten genutzt, die in Software-Paketen enthalten waren, die in der Gemeinde bereits genutzt wurden, zum Beispiel WebEx, Microsoft Teams oder Google Meet. Die meisten sind früher oder später einfach zum Marktführer Zoom gegangen und haben sich einen Zugang gemietet. So viele übrigens, dass die Evangelische Kirche in Deutschland (EKD) einen Rahmenvertrag mit Zoom abgeschlossen und eine durch deutsche Server geroutete Lösung geschaffen hat, die auch dem kirchlichen Datenschutz keine Kopfschmerzen bereitet.[11]

11 Der kirchliche Datenschutz ist bei aller guten Absicht oft eine der Hürden, die sinnvolle Lösungen über Gebühr kompliziert nutzbar machen. Dazu später mehr in

Niemand hat ganz von vorne damit angefangen, selbst einen *Videocodec* zu schaffen und eigene Server zu mieten, um daraus dann ein eigenes Videokonferenzsystem zu bauen. Die Gemeinden, die sich auf Zoom verlassen, können auch verlässlich konferieren (jedenfalls wenn das Internet mitspielt, was gerade in manchen ländlichen Regionen der Republik leider manchmal immer noch ein Glücksspiel ist). Wer sich seine eigene Serverlösung mit Jitsi und ähnlichen Systemen gestrickt hatte, musste häufiger mit Ton- und Bildstörungen hadern, selbst mit Glasfaser-Anschluss im Haus. Auch bei den Videokonferenzen galt: Je weniger Standard und je mehr eigene Anpassungen, desto weniger Effizienz und Effektivität waren vorhanden.

Ein schlecht funktionierendes Werkzeug lenkt vom eigentlichen Auftrag ab. Wer mit 150 Leuten einen Online-Livekonferenz-Gottesdienst feiern will, so wie es das Angebot „Brot & Liebe" der Evangelischen Kirche Berlin-Brandenburg-schlesische Oberlausitz (EKBO) regelmäßig tut, will sich nicht mit Technik rumschlagen, sondern sich auf eine funktionierende Plattform verlassen können, die dem Gottesdienst nicht im Weg steht.

Natürlich müssen auch hier Administrator:innen und Moderator:innen bereitstehen, die sich um die Nutzer:innen und die Besonderheit des Online-Formats kümmern. Sie sollten ihre Vorbereitungszeit aber nicht damit verbringen, in letzter Minute ehrenamtlich den Programmcode der Videoplattform zu reparieren. Es gibt Profis, die den ganzen Tag nichts anderes machen und ihre Werkzeuge täglich für tausende Nutzer:innen bereitstellen.

Beispiel: Messenger-Dienste

Die Diskussion um kirchliche Messenger-Dienste[12] zeigt sehr deutlich, in welche Sackgassen sich die Kirche gelegentlich selbst ma-

---

Kapitel 6 – Datenschutz: doch kein Dilemma.

12 Siehe Kapitel 5 – Messenger.

növriert. Seit mindestens 2010 wurde in Kreisen der Internetbeauftragten der evangelischen Landeskirchen immer wieder diskutiert, ob es nicht einen eigenen kirchlichen Messenger geben müsste, denn Datenschutzbeauftragte landauf, landab verbieten den Einsatz des Marktführers WhatsApp im dienstlichen Kontext für Pfarrer:innen oder zumindest auf Dienstgeräten, sofern solche überhaupt gestellt werden. Dabei belegen die ARD-ZDF-Online-Studien jedes Jahr aufs Neue, dass gut Dreiviertel aller Deutschen und über 80% aller 14–29-Jährigen WhatsApp nutzen, und zwar mindestens *täglich*. Über 80% aller Deutschen und über 90% der 14–29-Jährigen nutzen WhatsApp mindestens wöchentlich. Der nächst-beliebte Messenger ist mit weitem Abstand Telegram (13% aller Deutschen bzw. 24% der Jüngeren).

Fragt man Pfarrer:innen und Jugendmitarbeiter:innen, auf welchem Kommunikationsweg sie Jugendliche erreichen, ist ihre Antwort stets: „Die sind alle auf WhatsApp!" Was wäre sinnvoller, als WhatsApp zu benutzen, um diese Jugendlichen zu informieren und mit ihnen auf einem gewohnten Kanal zu kommunizieren? Die Kirche muss sich nicht noch exotischer und schwer verständlicher machen, als sie sowieso schon ist, indem sie interessierte Menschen auf ungewohnte und umständliche Kommunikationskanäle zwingt. Datenschutzbedenken treten dabei in den Hintergrund.

WhatsApp ist in den meisten Bistümern und Landeskirchen auf Anweisung der Datenschutzstellen zwar offiziell nicht für die dienstliche Nutzung zugelassen. In der Gemeindepraxis sieht es trotzdem anders aus, weil die Kirche nun einmal in der digitalisierten Welt lebt und dort sein will und muss, wo Menschen bereits sind.

In der Praxis bedeutet das übrigens vielfach, dass Pfarrer:innen und Gemeindemitarbeiter:innen WhatsApp einfach nutzen, trotz anderslautender Vorgaben und manche vielleicht mit einem schlechten Gewissen. Aber sie wissen, dass sie ihre Firmlinge und Konfirmand:innen andernfalls nicht erreichen. Also tun sie es einfach – die Erfüllung des Auftrages geht vor.

Als Kirche in Bewegung kommen

Anfang der 2020er Jahre ist viel die Rede davon, dass Kirche von der Institution wieder mehr zur Bewegung, zum Netzwerk oder Erfahrungsraum werden soll. Weil eine Bewegung im besten Fall schneller und fluider ist als eine Institution, sollte sie nicht dadurch ausgebremst werden, dass sie erst noch eigene Werkzeuge bauen will, obwohl es fertige Bagger, Hämmer, Kollaborationsplattformen und Gemeindesoftware gibt.

Gerade im Bereich Software wissen viele Menschen in Verantwortung einfach nicht, welche Möglichkeiten überhaupt schon existieren. Wer in der Lage ist, die eigenen Ziele genauer zu beschreiben, findet viele Möglichkeiten, sie auch zu erreichen. Neue Selbstverständlichkeiten in der *ecclesia semper reformanda* zu finden bedeutet dann auch, neues Wissen sammeln zu müssen. Für alle denkbaren Aufgaben gibt es existierende Lösungen, sogar im Bereich Gemeindesoftware und *Church Management Systems*. Etablierte, gute Lösungen von kirchlichen und kirchennahen Anbietern helfen allen Gemeinden und Pfarreien bei digitalen Arbeitsformen für Kommunikation und Verwaltung. Manchmal werden sie in der Nachbargemeinde, im benachbarten Kirchenkreis oder in der Schwesternkirche um die Ecke sogar bereits erfolgreich genutzt.

Nicht zuletzt sprechen dafür auch ökonomische Gründe. Mit kaum einem Thema befasst sich die Kirche auf allen ihren Ebenen mehr als mit den Kosten für Gebäude und Personal. Doch beide großen Kirchen werden bis 2060 deutlich sparen müssen, sagt die so genannte „Freiburger Studie“. Das ist die im Jahr 2019 veröffentlichte Mitglieder- und Kirchensteuervorausberechnung für die katholische und evangelische Kirche in Deutschland, erstellt vom Forschungszentrum Generationenverträge (FZG) der Albert-Ludwig-Universität Freiburg (deshalb auch als „Freiburger Studie“ bekannt). Sie prognostiziert den Rückgang der evangelischen Kirchenmitgliedschaft von 21,5 Millionen Mitgliedern im Jahr 2017 auf

10,5 Millionen im Jahr 2060 und einen entsprechenden Rückgang der verfügbaren Kirchensteuermittel.

Gute Programmier:innen sind aber teuer, und kirchliche Organisationen sind jetzt schon nicht in der Lage, Gehälter zu zahlen, die mit denjenigen in Wirtschaftsunternehmen konkurrieren können. Wenn die Mittel der Kirche in erster Linie ihrem Auftrag dienen sollen, ist es wirtschaftlicher, Standard-Lösungen auf dem Markt einzukaufen, die bereits gut funktionieren.

Was Kirche selbst herstellt, soll dem Auftrag dienen. Den Rest darf sie sich liefern lassen. Auf den Punkt gebracht: Wenn die Kirche jeden Bagger erst baut, den sie für ihre Baustellen braucht, schaufelt sie sich ihr eigenes Grab.

Die Kirchen und besonders Kirchengemeinden müssen das Rad nicht neu erfinden: Bevor man selbst eine Lösung baut, sollte man erst einmal suchen, ob es eine bestehende Lösung gibt („off the shelf"). Dabei sollten Sie vom Ziel her denken: Viele Ziele lassen sich mit weniger Aufwand erreichen als gedacht. Pareto-Prinzip: Mit 20% der Arbeit lassen sich 80% des Aufwands erledigen. Eine digitale Kirche wird alte Gewohnheiten hinterfragen und neue Selbstverständlichkeiten finden.

Die schwierigste Aufgabe: Dinge bleiben lassen

Die Ressourcen einer Kirchengemeinde sind endlich. Zeit und Arbeitskraft der Menschen sind begrenzt, auch die Räume sind endlich – wobei heutzutage das Problem meist zu viele Zimmer und Gebäude sind, nicht zu wenige. Welche Angebote gemacht werden können, hängt direkt davon ab, wie viele Menschen bereit sind, ihre Zeit dafür einzusetzen und welche Fähigkeiten sie haben. Ein komplett unmusikalischer Mensch sollte keinen Chor leiten. Wer gut schreiben kann, sollte schreiben dürfen. Das Stichwort hier ist das an vielen Kirchorten sprichwörtlich gewordene *gabenorientierte Arbeiten*: die Talente der Menschen identifizieren und nutzen.

Um herauszufinden, wer was kann, ist oft Ausprobieren die beste Methode. „Fürchtet euch nicht", der Satz der Weihnachtsengel zur Ankündigung der Geburt Christi, darf als Leitspruch über solchen Experimenten stehen. Habt keine Angst davor, Dinge auszuprobieren und ehrlich zu sagen: Funktioniert oder funktioniert nicht.

Wer weiß, was alles schon unternommen wird, an wie vielen Projekten in einer Kirchengemeinde gleichzeitig und intensiv gewerkelt wird und welche Ressourcen dafür zum Einsatz kommen, sollte auch die Gegenfrage stellen: Welche Angebote oder Aktivitäten wollen wir nicht mehr machen? Wo kommt keiner mehr, was macht keinen Spaß, was steht nur noch *pro forma* im Kalender, was passt nicht zu unseren Zielgruppen?

Dinge bleiben zu lassen, gehört zu den schwersten Aufgaben in einer Kirchengemeinde. Es ist wirklich nicht leicht, etwas nicht mehr zu machen, das zur Tradition gehört oder zur Gewohnheit geworden ist. Aber weil die Ressourcen begrenzt sind, kann man nicht einfach nur immer noch etwas weiteres tun.

Eine gern eingebrachte Idee ist, die gleichen Dinge mit weniger Aufwand zu machen, um zusätzlich neue Angebote starten zu können. Das funktioniert, wenn es um Überschneidungen bei Räumen und Zeiten geht. Den Gemeindesaal am Dienstagabend im Wechsel zwischen Posaunenchor und Meditationsgruppe zu belegen, kann klappen. Wenn es aber um die Arbeitskraft von Menschen geht, funktioniert das meistens nicht. Zwei halbe Aufgaben ergeben bei engagierten Menschen meistens mehr als 100% Arbeit. Aus Nostalgie eine halbgare Notlösung weiterzuführen, ist meist die schlechteste Option. Die Frage ist: Was können wir lassen, und zwar so, dass wir es *wirklich* nicht mehr machen?

Der datengestützte Abschied

Die heftigsten Diskussion um das Bleibenlassen werden sicher um den Sonntagsgottesdienst geführt. Tatsächlich bieten die Grundformen der Digitalität[13] hier sogar ein Framework an, das geeignet ist, die an vielen Orten in unseren Kirchen derzeit aufbrechenden Streitigkeiten zu beenden – oder zumindest zu unterbrechen. Wendet man sich der Frage „Wie viele Gottesdienste können und wollen wir in Zukunft am Sonntag feiern?“ nämlich *datengestützt* zu, besteht die Möglichkeit, die Diskussionen zu versachlichen. Bisher drehen sie sich nämlich vor allem um liebgewonnene Gewohnheiten das Datum und die Uhrzeit von Gottesdiensten betreffend, Fragen der gerechten Verteilung von Gottesdienstangeboten auf dem Gebiet einer Pfarrei, und Traditionen, die aufzugeben Schmerzen verursacht: „Hat denn die Mette am Ostermorgen nicht immer bei „uns“ stattgefunden und nicht in der Nachbargemeinde?“ „Bei uns findet der Gottesdienst immer um 10 Uhr statt, sonst kommt niemand.“

Ein datengestützter Zugang zur Frage der Gottesdienstplanung beschreitet mindestens zwei Wege: Zunächst wird über einen längeren Zeitraum – ein Kirchenjahr bietet sich an – geschaut, welche Gottesdienstangebote überhaupt angenommen wurden. In den allermeisten Kirchengemeinden werden die Teilnehmer:innen-Zahlen sowieso ins Kirchenbuch geschrieben. Das sind wertvolle Daten, die nicht zu nutzen sträflich wäre! Es geht allerdings nicht darum, alle Gottesdienste unter einer bestimmten Teilnehmer:innen-Zahl einfach zu streichen. Sehr wohl aber darum, als Gemeinde zu überlegen, nach welchen Kriterien man die erhobenen Daten auswerten will. Es geht bei der Auswertung sicher nicht nur um die Quantität von Gottesdiensten, sondern auch um deren Qualität. Wie viele Gottesdienste können die Haupt- und Ehrenamtlichen eigentlich stemmen, und mit welchem Effekt auf das Gemeindeleben?

In einem zweiten Schritt könnte man durch Befragung der Gottesdienstteilnehmer:innen und Gemeindemitglieder (die Gruppen überschneiden sich, aber sind nicht identisch) herausfinden, zu welchen Zeitpunkten im Kirchenjahr, zu welchen Zeiten im Laufe der Woche und zu welchen Anlässen Bedarf nach Gottesdiensten – ge-

---

13 Siehe Kapitel 1 – „Kultur der Digitalität.

nauer noch: nach welchen Gottesdienstangeboten – besteht. Ein Hauch von *Algorithmizität*, *Gemeinschaftlichkeit* und *Referentialität*[14] weht dann durch die Gemeindeentwicklung. Auch die Ergebnisse einer solchen Befragung bedürfen der Auswertung und Interpretation.[15] Wenn wir hier zu datengestütztem Arbeiten ermuntern, dann nicht, um den Primat der Verkündigung des Evangeliums in Frage zu stellen oder theologische Argumente ad acta zu legen. Vielmehr schärft sich an einem empirischen Befund der tatsächlichen Bedarfe doch das theologische Denken!

So kann sich zum Beispiel herausstellen, dass die Menschen in Ihrer Kirchengemeinde durchaus ein Interesse daran haben, mehr vom Gemeindeleben zu erfahren und intensiver in ihrem Alltag begleitet zu werden – nur ist der Sonntagsgottesdienst dafür für viele nicht das richtige Angebot. Hier werden viele Fragen der Kirchen- und Gemeindeentwicklung berührt, die wir in diesem Praxishandbuch für die Digitalisierung einer Kirchengemeinde nicht ausführen können. Sollen unsere Kirchen Orte sein, die man aufsuchen muss, um etwas von ihnen zu haben, oder bewegen sich Gemeinden und ihre Haupt- und Ehrenamtlichen auf Gäste und ihr Umfeld zu? Bleibt es dabei, dass wir in unseren Kirchen vornehmlich einladen, auch wenn diese – sicher freundlich gemeinte – Einladung so häufig ausgeschlagen wird? Oder suchen wir die Menschen dort auf, wo sie ihren Alltag bestreiten? Am Arbeitsplatz, in den Kitas und Schulen, auf dem Spielplatz und auf dem Jahrmarkt – und im Netz.

Life-Hack: Projektbezogen Arbeiten auch im Netz

Alles, was jemand mal angefangen hat, muss, damit es weitergeht, auch jemand weiter machen. Zu Beginn dieses 2. Kapitels, das sich mit den Wechselwirkungen von Digitalisierung und Gemeindebild sowie Gemeindepraxis befasst, haben wir auf dieses Problem schon

14 Siehe Kapitel 2 – Let my people go: Wer sind meine Leute?
15 Siehe Kapitel 2 – Let my people go: Wer sind meine Leute?

hingewiesen. Viele der digitalen Projekte, die wir Autoren in den vergangenen Jahren beobachtet haben, waren eher kurzlebig.

Auch Haupt- und Ehrenamtliche in den Kirchengemeinden kennen es zur Genüge: Da wird mit großem Ressourceneinsatz – ihre Arbeitszeit vorneweg – eine neue Webseite für die Kirchengemeinde an den Start gebracht oder Video-Equipment für Livestream-Gottesdienste besorgt und dessen Nutzung einstudiert, nur um nach nur wenigen Monaten feststellen zu müssen, dass das Interesse an den digitalen Angeboten klein ist oder nach einem anfänglichen Hype zurückgeht. Die Kräfte der Beteiligten schwinden, schon bald ist die Begeisterung verflogen. Ratlosigkeit macht sich breit. In den Blog auf der Gemeindewebseite hat schon seit Monaten niemand mehr etwas geschrieben. So langsam sieht die Webseite aus, als ob in unserer Kirchengemeinde überhaupt nichts mehr los wäre!

Es gibt digitale Produkte, die man auf Dauer stellen muss. Die Webseite gehört dazu, auch die Umstellung auf ein digitalisiertes Büro. Aber der Großteil des für die gesamte Gemeinde und ihr Umfeld sichtbaren digitalen Engagements kann als Projektarbeit mit klarem Beginn und Ende strukturiert werden.

Projektbezogenes Arbeiten hat in der Kirche seit vielen Jahren Konjunktur. Unserem Empfinden nach war auch hier die Evangelische Jugend führend, die sich auf die veränderten Lebensumstände junger Menschen einstellen musste. Statt wöchentlicher Gruppenstunden wird nun vermehrt zu Frei- und Rüstzeiten eingeladen, Bildungsangebote finden gebündelt statt. Auch aus der Kirchenmusik kennen wir Projektchöre nun schon seit über 20 Jahren. An die Stelle der wöchentlich probenden Kantorei sind wiederkehrende Highlights wie das Einstudieren des Weihnachtsoratoriums von Johann Sebastian Bach oder ein Gospel-Mass-Choir getreten. Wir erleben allerorten, dass Menschen an solchen Projekten sehr gerne aktiv teilnehmen, die sonst dem alltäglichen Leben der Gemeinde eher abständig gegenüberstehen. Vermutlich liegt es auch daran, dass Projekte sich anfühlen wie ein Event, eben ganz und gar nicht alltäglich.

Praktisch-lebensweltlich spricht für Projekte statt Dauerveranstaltungen aber vor allem die bessere Planbarkeit für Haupt- und Ehrenamtliche durch klar vordefinierte Start- und Zielzeitpunkte. Am Projektende stellt sich nicht selten sogar Sehnsucht nach einer Wiederholung ein. In unseren Kirchen, die es möglichst allen Menschen gerne recht machen wollen, sind wir das Zuwarten und Maßhalten kaum noch gewohnt: Wie schön wäre es doch, wenn man sich auf Kirche richtig vorfreuen könnte! Wichtig sind auch vorab formulierte realistische Projektziele. Wenn sie erreicht werden, stellt sich bei allen Beteiligten das gute Gefühl des Erfolgs ein. Genau solche Erlebnisse von Selbstwirksamkeit im Raum der Kirche brauchen wir doch viel mehr, nicht nur unter jungen Menschen!

Was analog gilt, kann auch für die Arbeit an der Digitalisierung der Kirchengemeinde Anwendung finden. Und das Kirchenjahr bietet dafür hervorragende Orientierung. Statt eines wöchentlichen Predigt- oder Bibelpodcasts, kann man es vielleicht mit einem solchen Angebot für die Passions- oder Adventszeit versuchen. Statt sich vorzunehmen, jeden Gottesdienst zu streamen, könnte man dieses Angebot auf Ostern und Weihnachten oder – weil es zu diesen großen Festen viel Konkurrenz in den Medien gibt – je nach Region und Ausrichtung der Gemeinde auf Erntedank, die Kirchweihe oder eine Reihe von Sommerandachten beschränken. Haben Sie auch Mut zur Nische: Was können Sie digital vom Gemeindeleben abbilden, das nirgendwo sonst zu sehen ist?

Projektbezogenes Arbeiten schont die Ressourcen der Gemeinde, besonders die Kräfte von Ehrenamtlichen und die Nerven der Hauptamtlichen. Wenn Ihre Gemeinde zwei digitale Projekte im Jahr durchführt, dann wäre das bereits sehr viel mehr, als wir gegenwärtig innerhalb unserer Kirchen beobachten können!

Projekt und Verstetigung

Häufig läuft es so: Man macht zuerst ein Projekt, evaluiert es und entscheidet anschließend, ob das Projekt dauerhaft weitergeführt wird oder nicht. Das Problem an diesem Modell ist, dass zwischen „für immer“ oder „gar nicht“ entschieden wird. Wir halten das für eine falsche Alternativsetzung. Es gibt mindestens noch die Alternativen „gerne wieder“, „nochmal, aber anders“ und „wenn mal wieder Bedarf besteht“.

Gerade zur letzten Gruppe von Projekten gehören vermutlich viele der digitalen Angebote in unseren Kirchen, die aus der Corona-Zeit stammen. Müssen sie uns als weniger erfolgreich gelten, nur weil sie mit dem Abklingen der Pandemie ihre Nutzer:innenbasis eingebüßt haben? Wir finden: Nein. Was während der Pandemie erlernt und erprobt wurde, kann in andere Projekte eingebracht werden und steht zur Verfügung, sollte sich – was Gott verhüten möge – eine ähnliche Krisensituation noch einmal einstellen.

Wenn im Onlinemagazin für Kirche, Politik und Kultur „Die Eule“, deren Redakteur Philipp ist, eine neue monatliche Kolumne an den Start geht, dann konzipieren Autor:in und Redaktion sie bewusst als einen halbjährlichen *Prototyp*. Danach wird ausgewertet. Bis dahin ist hoffentlich eine 5- oder 6-teilige Reihe von in sich stimmigen und aufeinander bezogenen Artikeln entstanden, die auch ohne Fortsetzung den Aufwand wert waren. Ebenso plant „Die Eule“ ihre Podcasts, nämlich in Staffeln, so wie wir es von Fernsehserien seit Jahrzehnten gewohnt sind.

Anhand solcher Tests oder Testreihen kann man überhaupt erst einmal eine Idee *in action* sehen. Ein Prototyp muss gerade kein perfektes Produkt sein. Fertig werden digitale Produkte sowieso kaum. Verstehen Sie ihre ersten Zuschauer:innen oder Nutzer:innen doch als verschworene *Early-Access-Community*. Große Hersteller von PC- und Videospielen werfen auch schon mal Games auf den Markt, die weit entfernt von dem sind, was wir landläufig unter „fertig“ verstehen (sogenanntes Bananenprinzip). Techkonzerne sprechen ganz offen davon, dass ihre Produkte erst beim Kunden an die Marktreife herangeführt werden.

Wir wollen natürlich nicht dafür eintreten, dass Sie in ihren Gemeinden halbgares Zeug und schnell zusammengeschusterte Angebote unter die Leute bringen sollen. Aber für Gemeindeprojekte ist nicht allein das Endergebnis wichtig! Wer bei einem Gospel-Chorprojekt mitmacht, erfreut sich sicher an den erfolgreichen Konzertabenden nach der Probezeit, aber sucht genauso nach Gemeinschaft und geht ganz generell einer Leidenschaft am Musizieren nach. So sollten wir uns auch digitalen Projekten nähern: Auch das gemeinsame Werkeln an digitalen Formaten ist Arbeit im Weinberg des HERRn und darf Spaß machen.

Pfarrer Jonas Goebel aus Hamburg hat die Idee des projektförmigen Arbeitens im Digitalen in andere Worte gefasst und für seine Arbeit das „Netflix-Zeitalter" ausgerufen. Das ist eine charmante, weil eingängige Formulierung. Seine digitalen Projekte plant er wie Netflix-Serien: Erstmal eine erste Staffel produzieren. Nach jeder Staffel wird entschieden, ob das Angebot verlängert wird oder nicht.[16] Damit ist der Ressourceneinsatz auf begrenzte Zeit gestellt und die Ablösung eines Angebots durch ein anderes von vornherein schon möglich. Die Einstellung einer „Serie" und das Ende eines Projektes bedeuten keine Niederlage, sondern gehören zum normalen Geschäft. Goebel schlägt vor, in den Kategorien „Serie – Staffel – Folge" zu denken. Ein pragmatisches Modell, das immer wieder Veränderungen ermöglicht, aber gleichzeitig auch langfristige Angebote zulässt.

Welches digitale Angebot ihrer Kirchengemeinde wird so langlebig wie „Die Simpsons" werden? Die US-Comicserie ging im Jahr 2023 in ihre 36. Staffel, ist also ein richtiger Dauerbrenner. Werden Sie vielleicht auch eine Art „Firefly" zustande bringen? Die heißgeliebte Science-Fiction-Serie wurde nach ihrer ersten Staffel aus Mangel an Erfolg eingestellt, hat aber seither Kult- und Memestatus erlangt. Werden Sie vielleicht sogar einmal einen richtigen Flop produzieren?

---

16 https://www.juhopma.de/warum-ich-ab-heute-im-netflix-zeitalter-arbeite/ (zuletzt abgerufen am 29. 11. 2023).

Scheitern macht keinen Spaß, aber man lernt doch eine Menge daran. Und mit etwas Abstand kann man dann ja doch über die eigene Schnapsidee oder stümperhafte Umsetzung lachen – vor allem, wenn im Rahmen eines zeitlich begrenzten Projektes nicht zu viel Lebenszeit und -kraft eingesetzt wurde.

Nicht vergessen: Evaluation betreiben

Erfolgreiche Projektarbeit verlangt nach Evaluation, d.h. nach einer finalen Auswertung und Bewertung, ob das Projekt erfolgreich war. Dafür braucht es aber Erfolgskriterien. Am besten legen Sie schon zu Beginn jedes digitalen Angebots fest, was Sie erreichen wollen. Diese Kriterien können sehr unterschiedlich sein. Am Ende des Projekts oder einer zuvor festgelegten Laufzeit werden diese Ziele überprüft. Wurden sie erreicht oder übertroffen, kann eine „zweite Staffel" mit etwas höher gesteckten Zielen starten. Wurden sie nicht erreicht, ist eine Überprüfung angesagt: Woran lag's? Was ändern wir (Thema und Inhalt, Zeitpunkt, Zielgruppe), oder lassen wir es ganz? Die Frage ist: Was bedeutet für uns Erfolg, wie überprüfen wir ihn und welche Konsequenzen hat das für unsere Weiterarbeit?

Wir wollen ausdrücklich dafür werben, für digitale Arbeit nicht allein plattform-immanente Marker wie Klickzahlen oder Likes, Views oder Reposts als Erfolgsmaßstäbe zu verwenden. Diese Zahlen können auch trügen und sind in erheblichem Maß von der Plattformgestaltung selbst abhängig. Auf YouTube ohne massiven Einsatz von Werbegeld mit einem neuen Video-Projekt viral zu gehen, ist geradezu ausgeschlossen, wenn man nicht ohnehin prominent ist. Selbst professionellen Content-Agenturen gelingt das nur mit einem Bruchteil ihrer Projekte. Zugleich sollten auch scheinbare Erfolge wie hohe Views oder Klickzahlen nicht isoliert betrachtet werden. Wie lange sind zum Beispiel die Zuschauer:innen von Video-Gottesdiensten wirklich „drangeblieben"?

Suchen Sie sich als Kennzeichen für Erfolg vornehmlich Kriterien, die mit dem Leben ihrer Gemeinde in Verbindung stehen:

Wie bewerten die Konfirmand:innen ihre Erfahrungen, die im Konfi-Unterricht Stop-Motion-Filme produziert haben? Wie viele und welche Rückmeldungen erhalten Sie über das Kontaktformular auf Ihrer Webseite oder per Messenger? Wann und zu welchen Anlässen besteht tatsächlich Bedarf an digitaler Begleitung durch die Kirchengemeinde? Und nicht zuletzt: Was hat den beteiligten Haupt- und Ehrenamtlichen besonders viel Freude an der Mitarbeit bereitet?

Diese Evaluation gehört nicht nur ans Ende von Projektzeiträumen. Auch die Arbeit, die schon immer gemacht wurde, sollten Sie regelmäßig überprüfen. Denn auch das Alte kann erfolglos sein oder werden. Behalten Sie das ebenfalls im Blick, damit Sie wirklich alle verfügbaren Ressourcen verteilen können!

Für das Projektmanagement stehen heute viele unterschiedliche Methoden zur Verfügung, die man bei inner- und außerkirchlichen Fortbildungen erlernen kann. Immer jedoch geht es darum, ein Projekt nicht einfach auslaufen zu lassen, sondern gründlich auszuwerten. Nutzen Sie solche Gelegenheiten zum dazulernen, wann immer sie sich Ihnen bieten!

Let my people go! Wer sind meine Leute?

Egal ob man es Zielgruppe, Interessensgruppe oder Publikum nennt: Jede:r, die Inhalte oder Veranstaltungen anbietet, sollte wissen, für wen sie das tut. Eigentlich ganz einfach! Trotzdem sollte man sich diese Frage regelmäßig stellen, und zwar für jedes Angebot. Wer soll da hinkommen? Wer soll das lesen und *liken*?

Die Antwort ist wichtig, um zunächst herauszubekommen: Sind diese Leute auch wirklich da, oder kommen ganz andere Menschen oder gar niemand? Der nächste Schritt sollte sein, das Wunsch-Publikum mit den tatsächlich erreichbaren Menschen zu vergleichen. Alle Kirchenvorstände fragen sich zum Beispiel danach, wie die Arbeit mit Kindern und Jugendlichen intensiviert werden könnte. Schließlich sind junge Menschen doch unsere Zukunft! Aber was ist, wenn überhaupt keine Kinder im passenden Alter auf dem Gebiet der Gemeinde wohnen? Oder nur so wenige, dass traditionelle Angebote zum Scheitern verurteilt sind?

Für die Angebote der Kirchengemeinde vor Ort kann man sich dazu soziodemografische Daten, wahlweise von der staatlichen Gemeinde oder den Statistikern in Kirchenkreisen, Landeskirchenämtern und bischöflichen Ordinariaten, besorgen. Auch die in der Gemeinde selbst erhobenen Teilnehmer:innen-Zahlen sind wertvolles Datenmaterial. So erhält man ein ungefähres Bild davon, wer eigentlich in der Nähe wohnt und potenziell ansprechbar ist, wer bereits und zu welchem Anlass an einer Gemeindeveranstaltung teilgenommen hat.

Auch die Frage, wie viele Kirchenmitglieder überhaupt anteilig in der Nähe wohnen, ist relevant: Möglicherweise ist nämlich der Anteil an Angeboten und Inhalten, die sich an hochverbundene, gläubige Kirchenmitglieder richtet, viel zu hoch, und für eher kirchenferne Menschen gibt es hingegen überhaupt keine Angebote.

Für digitale Angebote der Kirche müssen die Statistiken der gängigen Studien reichen, die dann mit der Bevölkerungsverteilung innerhalb des Interessensgebiets korreliert werden müssen. Als Ausgangslage können dazu folgende Studien dienen:

- Kirchenmitgliedschaftsuntersuchung (KMU)
- Bertelsmann Religionsmonitor
- Shell-Jugendstudie
- MDG-Trendmonitor Religiöse Kommunikation
- ARD-ZDF-Onlinestudie
- JIM-Studie (Jugend, Information, Medien)

Es gibt nämlich in Deutschland in der Tat schon eine Menge Datenerhebungen und -Untersuchungen, derer sich kirchliche Programmplaner:innen bedienen könn(t)en. Für die Gemeindearbeit ist vor allem die Analyse der eigenen digitalen Kanäle wichtig, zum Beispiel die Zugriffszahlen auf der Webseite der Kirchengemeinde und ihren Unterseiten, die Zahl der Zuschauer:innen von Videos auf dem YouTube-Kanal der Gemeinde und ihre Verweildauer etc.

Analog wie digital stehen folgende Fragen im Vordergrund: Ziehen wir die Besucher:innen an, die wir eigentlich erreichen wollten? Wenn ja: Wie können wir die Inhalte so gestalten oder verändern, dass mehr Menschen kommen und die Menschen länger bleiben? Wenn nein: Wollen wir die Inhalte an das tatsächliche Publikum anpassen oder versuchen, doch noch die eigentliche Zielgruppe zu erreichen?

Die Notwendigkeit von zielgruppenspezifischen Angeboten

Um die Frage, welchen Stellenwert zielgruppenspezifische Angebote im Leben unserer Kirchengemeinden und Kirchen spielen sollen, wird seit einem halben Jahrhundert gerungen. Wir übertreiben nicht! Anfang der 1960er Jahre baute Ernst Lange mit Mitstreiter:innen in Berlin seine Ladenkirche auf und bezog sich damit auf bereits existierende Vorbilder im anglo-amerikanischen Raum. Die Frage nach einer lebensweltlich-situativen und niedrigschwelligen Kommunikation des Evangeliums begleitet seitdem im deutschsprachigen Raum jede Kirchenreformdebatte.

Auch heute noch kann man mit Angeboten für Zielgruppen, die nicht zum „normalen" Sonntagsgottesdienst kommen – zum Beispiel mit Kneipen-Gottesdiensten, Schlager-Gottesdiensten und Meditations-Retreats für Manager:innen – in unseren Kirchen für Furore sorgen. Nicht alles, was sich selbst den Anschein von Aktualität gibt, ist wirklich neu. Gleichzeitig müssen wir feststellen, dass sich außerhalb der kirchlichen Jugendarbeit die zielgruppenspezifische Arbeit in unseren Kirchen nicht zum vorherrschenden Paradigma entwickelt hat. Unsere Kirchengemeinden agieren – von Angeboten für Kinder, Frauen, Flüchtlinge, behinderte Menschen und Senior:innen (auch das sagt einiges über die innere Gestalt unserer

Kirche aus) – nach dem Prinzip „One size fits all"[17]. Dahinter steht nicht zuletzt ein problematisches Verständnis davon, was eigentlich „der normale Kirchgänger" ist.

Wie es sich mit Einheitsgrößen und -Produkten verhält: Dem einen sind sie zu eng, der anderen zu weit, richtig passen tun sie keinem. Leider ist zu beobachten, dass auch digitale Angebote der Kirchen und Kirchengemeinden davon keine Ausnahme darstellen. Während der Corona-Pandemie konnten wir beobachten, dass im großen Stil bereits bestehende Formate „digitalisiert", d. h. Andachten und Gottesdienste vermittels Stream oder Video ins Netz gebracht wurden. Nur ganz selten und im weiteren Verlauf der Pandemie-Zeit veränderte dann manchenorts die neue Digitalität der Beziehung von Kirchgänger:innen zu ihrer Gemeinde auch die Formate. Video-Andachten wurden kürzer, in manche Gottesdienste wurden interaktive Elemente aufgenommen, die eine tatsächliche Teilnahme von Zuhause aus ermöglichten.

Grundlegendes zu dieser Weiterentwicklung von Formaten in digitalen Räumen hat Heidi Campbell in ihrem lesenswerten Aufsatz „What Religious Groups Need to Consider when Trying to do Church Online" formuliert. Darin beschreibt sie den Unterschied zwischen Übertragung, Übersetzung und Transformation bekannter analoger Formen ins Digitale, ein Grundgedanke, der auch in Deutschland viele Digitalisier:innen erreicht hat.[18]

Wer von der Notwendigkeit zielgruppenspezifischer Angebote bis heute nicht überzeugt ist, den werden auch wir in diesem Digitalisierungs-Praxishandbuch nicht umstimmen können. Wir warnen aber ausdrücklich: Auch wenn man heute in einer Kirchengemeinde in einer Region mit einer einigermaßen großen Kirchenmitgliedschaft gerade noch so mit Einheitsangeboten durch-

17 Eine Kleidungsgröße passt allen.

18 Der Aufsatz ist im Sammelband „The Distanced Church - Reflections on Doing Church Online" erschienen, der online verfügbar ist: https://oaktrust.library.tamu.edu/bitstream/handle/1969.1/187891/Distanced%20Church-PDF-landscape-FINAL%20version.pdf (zuletzt abgerufen am 10. 12. 2023).

kommt, im Netz wird das nicht klappen. Oder noch genauer: Aus der Analyse kirchlicher Netzangebote der vergangenen zwanzig Jahre *wissen* wir: Es klappt nicht. Wohin wir klicken, was wir liken, wie lange wir uns ein Video online anschauen, das wird eben überhaupt nicht mehr von innerkirchlichen Konventionen und – sicher nicht von der Hand zu weisenden – Grundüberzeugungen beeinflusst, wie zum Beispiel, dass der Sonntagsgottesdienst „das Zentrum der Gemeinde“ zu sein hat. Mit Blick auf die Kirchenmitgliedschafts- und Gottesdienstteilnehmer:innen-Zahlen müssen wir ganz einfach nüchtern feststellen: Wo man sich allein auf den Sonntagsgottesdienst (und / oder seine Übertragung im Netz) verlässt, da ist man schnell verlassen.

Zielführender erscheint es uns, vom Sonntagsgottesdienst selbst als einem Angebot für eine bestimmte Zielgruppe zu sprechen und sich bewusst zu fragen, was die Menschen, die ja trotz allem Schwund in den Kirchen treu und häufig kommen, im Gottesdienst tatsächlich suchen. Wäre es dann nicht nur fair, ihnen auch zu geben, wonach sie verlangen? Was bedeutet das eigentlich für den jede Kirchenreform-Debatte überschneidenden Streit um die Reform „des“ Gottesdienstes? Wir sehen in der Vielfalt christlicher Konfessionen und Kirchen, dass auch traditionelle Gottesdienstformen ihre Berechtigung haben. Es ist wohl nicht zielführend, Menschen aus ihnen zu vertreiben. Kann und muss es – jenseits großer Feiertage – eigentlich *den einen* Gottesdienst für alle geben? Und von wem sind, wenn man an dieser Idee festhält, eigentlich Kompromisse einzufordern? Von denjenigen, die nur mal zum Ausprobieren vorbeikommen? Oder von denen, die wegen gesundheitlicher Einschränkungen oder als Eltern mit kleinen Kindern Schwierigkeiten mit der traditionellen Form haben? Wie sieht eine gastgebende Gemeinde aus, auch im Gottesdienst?

Digitale Angebote der Kirchengemeinde. Für wen machen wir das eigentlich?

Sie kennen ihre Kirchengemeinde besser als wir Buchautoren. Mit Hilfe einer Gemeindebefragung – die selbst im Netz stattfinden kann – können Sie ihre Leute noch besser verstehen lernen. In den folgenden Kapiteln dieses Praxishandbuchs werden wir immer wieder auf die Frage zurückkommen, für wen digitale Werkzeuge und Angebote im Rahmen einer Kirchengemeinde eigentlich gedacht sind. Dabei surrt diese Frage häufig auf den biographischen Hintergrund von Mitarbeitenden und Zielgruppen zusammen. Noch enger: auf das Alter der betreffenden Menschen. Bevor wir über unterschiedliche Nutzer:innengruppen von Gemeindewebseiten sprechen und uns der Frage zuwenden, auf welchen Social-Media-Plattformen Sie wen erreichen können, wollen wir die Frage nach digitalen Zielgruppen hier inhaltlich vertiefen:

Es hat sich eingebürgert, die Nutzung digitaler Werkzeuge und Angebote mit Hilfe von Alterskohorten zu beschreiben. Solche Analysen reproduzieren das aus der (analogen) Medienwelt bekannte Denken in „werberelevanten Zielgruppen". Sie lassen häufig eine detaillierte Betrachtung von Interessen und Milieus außer Acht. Jugend gilt dann schnell als Trumpf. In den vergangenen Jahren sind auch #digitaleKirche-Akteur:innen zum Teil einem Jugendwahn zum Opfer gefallen: Social-Media-Formate für ältere Zielgruppen werden kaum entwickelt und das Engagement bündelt sich auf Social-Media-Plattformen, die vor allem von jüngeren Menschen genutzt werden. Dort wird man erhebliche Teile der Kirchenmitgliedschaft aber nicht ansprechen können.

Eine Kirchengemeinde ist jedoch ein Ort, an dem Menschen unterschiedlichen Lebensalters und verschiedener biographischer Hintergründe zusammenleben können und sollen. Tatsächlich gründet ja die Idee der *Parochialgemeinde* darin, dass das Zusammenleben an einem Ort das Leben der Menschen bestimmt. Digitalisierung bricht diese engen lokalen Zusammenhänge auf. Wir können uns mit Menschen verbinden, die an ganz anderen Orten auf der Erde leben.[19] Das entwertet die Ortsgemeinde keinesfalls, lässt uns aber verstärkt danach fragen, für wen und wie das Zusammenleben in einer Kirchengemeinde vor Ort tatsächlich wichtig ist. Kinder und ihre Familien sowie Senior:innen fallen uns hier als erstes ein. Dazu noch viele weitere Menschen, die weniger mobil leben (können), als es uns heute in unserer mediatisierten Gesellschaft als Ideal vorgehalten wird. Hätten wir nicht selbst gerne eine Heimat am Ort?

Jugendliche und junge Erwachsene, die im Netz christliche Communities bilden und im Umfeld von kirchlichen Kanälen und christlichen Sinnfluencer:innen digital ihr Leben teilen, melden das jedenfalls kontinuierlich zurück: Sie finden keinen Anschluss an die Gemeinde vor Ort, die ihnen aber doch – vielleicht auch ein wenig aus Nostalgie und wegen guten Erinnerungen an die eigene (Kirchen-)Kindheit – ein Sehnsuchtsort bleibt. Besonders für diese Gruppe von ganz und gar nicht kirchenfremden, aber inzwischen dem Alltagsleben der Kirchengemeinde entfremdeten Menschen sind digitale Angebote der Kirchen wichtig. Damit verbindet sich für die Institution Kirche natürlich auch die Hoffnung, über die Phase relativer Kirchenferne im jungen Erwachsenenalter „hinwegzuretten" und die Kirchenmitgliedschaft der „jungen Menschen" zu erhalten, bis sie dereinst in den Schoß der analogen Mutter Kirche zurückkehren.

Zumindest letzteres wird so jedenfalls sicher nicht eintreffen: Vielmehr gehören digitale Angebote heute und auch in Zukunft zur Palette der Gelegenheiten, während derer man sich als Mitglied der Kirche empfindet und Kontakt zur Gemeinschaft der Glaubenden hält. Mediennutzung ist in hohem Maße von der Alterskohorte abhängig, aber sie bleibt sich beim Älterwerden häufig gleich: Man wächst nicht aus dem *Gaming* raus, sondern spielt auch noch mit 40 und 60 Jahren PC- und Konsolenspiele. Bloß weil man älter wird,

19 Siehe Kapitel 1 – An der Schnittstelle: Wo innen und außen sich treffen.

stellt man nicht auf einmal die Nutzung von Messenger-Diensten und E-Mails ein. In der Tat sprechen alle wissenschaftlichen Untersuchungen über die Nutzung digitaler Medien eine klare Sprache: Wir bleiben den digitalen Werkzeugen und Angeboten verbunden, die wir bei der Erstbegegnung kennen und lieben gelernt haben.

> Bis ins hohe Lebensalter hinein nutzen Menschen heute digitale Werkzeuge und konsumieren digitale Medien. Die Mediennutzung wird in erheblichem Maße davon bestimmt, wann die Erstbegegnung mit dem Netz stattgefunden hat. Menschen von 9 bis 99 halten Kontakte zu Freunden und Familie digital. In den jüngeren Alterskohorten werden solche digitalen Begegnungen ebenso intensiv gelebt und wertgeschätzt wie analoge.

Die Sozietät

Was meinen wir eigentlich, wenn wir Zielgruppe sagen? Ganz sicher nicht nur Alterskohorten und auch nicht allein Menschen, die eine gemeinsame biographische Gegenwart teilen, zum Beispiel als junge Eltern oder Senior:innen. Felix Stalder nennt in seinem Buch „Kultur der Digitalität" Gruppen, die sich im Netz zusammentun, recht technologisch „gemeinschaftliche Formationen".[20] Wer mit seinen (digitalen) Angeboten im Rahmen einer Kirchengemeinde Erfolg haben will, muss Zielgruppen jedenfalls definieren und das heißt: enger ziehen.

Am besten „funktionieren" jene Angebote, die sich an eine *Sozietät* richten. Eine Sozietät ist eine durch *mehrere* Eigenschaften oder Interessen verbundene Gruppe von Menschen. Die Internet- oder Plattformnutzung an sich ist *kein* ausreichendes gemeinsames Interesse! „Wir richten uns an junge Leute, die auf Instagram unterwegs sind", ist keine Zielgruppen-Definition.

---

20 Siehe Kapitel 1 – „Kultur der Digitalität" (Felix Stalder).

Die am einfachsten zu beschreibende Sozietät ist die *lokale Gemeinschaft*, sei es die Kirchengemeinde, eine Konfirmandengruppe oder ein Seniorenkreis. Die Gruppe ist durch eine gemeinsame Geschichte, einen gemeinsamen Auftrag und persönliche Beziehungen verbunden. Mit digitalen Werkzeugen kann ich die Gruppe zusammenhalten, allzumal wenn analoge Treffen nicht möglich sind. Ich kann wichtige Infos teilen, Gemeinschaft erneuern. Darum funktionieren digitale Angebote der Kirche im Netz, die sich zuerst an lokale Sozietäten richten, in der Regel sehr gut. Übrigens: Wenn das Angebot eine hohe Qualität hat, teilen die Gruppenmitglieder ihre Nutzer:innenerfahrung und damit die Inhalte auch über die lokale Gruppe hinaus. Dann wird der Audio-Adventskalender einer Pfarrerin aus Thüringen auf einmal auch in der Schweiz gehört, ganz ohne Marketing und weiteres Zutun.

Eine Zielgruppe erreicht man dann am besten, wenn man sich selbst mit ihr identifiziert, selbst Teil der Sozietät ist. Ein Angebot für Gamer:innen macht vermutlich jemand, die selbst Gamer:in ist. Am besten funktioniert das Community-Building, wenn eine Sozietät durch mehr als ein gemeinsames Ziel oder Interessengebiet verbunden ist. Und dann, wenn bereits vorgebaut wurde: Die erfolgreichsten Projekte der Kirche im Netz richten sich nämlich – bewusst oder unterbewusst – nicht an „alle Welt", sondern an Leute, die schon mal mit der Kirche in Kontakt gekommen, vielleicht sogar getauft, gefirmt oder konfirmiert sind.

Erfolgreich sind Medien-Angebote im Allgemeinen dann, wenn sie die spezifischen Kompetenzen, Geschichten und Erfahrungen ihrer Community be-achten. Es darf darum verwundern, wie viele digitale „Einsteigerangebote" von Kirchen und ihren Medien immer wieder gestartet werden, und wie selten im Vergleich dazu Formate sind, die bereits vorhandenes Wissen und Glaubenserfahrungen vertiefen helfen. „Missionarische" Medienangebote müssen nicht immer wieder bei Null anfangen, sondern könnten viel stärker auf vorhandene Kompetenzen der Sozietäten, an die sie sich wenden, Bezug nehmen. Einen richtig guten Online-Studiengang Theologie für Ehrenamtliche und Interessierte gibt es im deutschsprachigen Raum zum Beispiel bis heute nicht. Gleichwohl gibt es eine Vielzahl von „Glaubenskursen“ von zum Teil zwielichtigen Anbietern und eine riesige Menge spiritueller Angebote von Coaches etc., die alle mit dem Versprechen werben, tiefe und weiterführende Erfahrungen zu ermöglichen.

Was uns verbindet

Im Raum der Kirche sind Sozietäten durch mehr und anderes verbunden als nur das Lebensalter. Welche Rolle spezifische Frömmigkeitsstile, religiöse und moralische Überzeugungen, Ästhetiken und Bildprogramme spielen, ist durch die hiesige Forschung leider noch zu wenig ergründet worden. Doch auch im Netz sind Christen – jedenfalls zumeist – nicht plötzlich andere Menschen als analog. Digitale Angebote von Kirchen und christlichen Sinnfluencer:innen werden vor allem von Menschen goutiert, die dem Glauben in ihrem Alltag einen großen Platz einräumen. Die digitale Kirche ist *fromm*. Menschen suchen im Netz bewusst nach Glaubensinhalten und bringen ihre eigenen Erfahrungen und Sehnsüchte mit. Diese sind viel häufiger, als Kirchenprofis es manchmal denken, auf den Glauben gerichtet. #digitaleKirche-Diskurse reflektieren diesen augenfälligen Umstand nur sehr selten.

Digitale Angebote von Kirchen, christlichen Sinnfluencer:innen und Medien und auch Kirchengemeinden können offensiv den Glauben zum Thema machen, denn Menschen suchen auch im Netz nach spiritueller Begleitung, geistlicher Führung und tiefgehender Verkündigung und Glaubenskommunikation. Kirchliche Angebote im Netz sollten den Glauben als verbindendes Element, als eine gemeinsame Einstellung der Sozietät herausstellen und nicht verschämt verstecken. Beim Besuch einer Kirchengemeinde-Webseite oder eines christlichen Social-Media-Kanals darf ich ruhig merken, dass ich „bei Kirchens“ gelandet bin.

Wenn Sie in Ihrer Kirchengemeinde fragen, an wen sich ein digitales Angebot wohl am besten richten könnte, dann schauen Sie sich um, wer schon heute ein Interesse am Leben Ihrer Kirchengemeinde hat, wer bei Ihnen nachfragt, wessen Interessen und Bedürfnisse vielleicht bisher im analogen Gemeindeleben allzu häufig hinten anstehen müssen – zu wem Sie sich als Gemeinde Jesu Christi gesendet fühlen. Trauen Sie den Aussagen, die Menschen über sich selbst treffen, zum Beispiel im Rahmen einer Gemeindebefragung! Trauen Sie einer fundierten Datenanalyse! Aber trauen Sie auch Ihrem Bauchgefühl: Wohin will die Geistkraft Gottes Ihre Gemeinde wehen?

Im Netz funktionieren Angebote und Formate, die sich an eine bestimmte Zielgruppe richten, nicht an eine diffuse Allgemeinheit. Das lässt Rückschlüsse auch auf die analoge Gemeindepraxis zu, denn traditionelle Bindungen und Deutungsmuster spielen auch jenseits des Netzes eine immer geringere Rolle.

Am besten funktionieren digitale Angebote, die sich an Gruppen – Sozietäten – richten, die durch mehrere Interessen, Eigenschaften, Ziele verbunden sind. Rechnen Sie mit der Frömmigkeit und der religiösen Deutungskompetenz der Menschen, die Sie mit einem digitalen Angebot ansprechen wollen!

Im zurückliegenden Kapitel haben wir versucht, die Digitalisierung einer Kirchengemeinde als Prozess zu beschreiben, der bisheriges kirchliches Handeln in Frage stellt. Sowohl die äußere Gestalt, die unsere Kirchengemeinden annehmen, also die sichtbaren Formen von Kirchlichkeit, in denen wir leben, und das konkrete Handeln, an dem wir teilnehmen, als auch die innere Gestalt von Kirche, also das Bild, das wir uns von der Kirche als Gemeinschaft der Glaubenden machen.

Die Digitalisierung einer Kirchengemeinde im großen Stil bedarf einer Digitalisierungsstrategie, die mit professioneller Hilfe erstellt werden muss. Aber jede Veränderung beginnt mit dem ersten Schritt.

Wir werben ausdrücklich dafür, mit der Digitalisierung der Kirchengemeinde zu beginnen, auch wenn es noch keine kohärente Strategie gibt. Manche Kirchengemeinde wird für einen elaborierten Digitalisierungsprozess niemals genügend Ressourcen aufbringen können, noch braucht es überall in unseren Kirchen vollständig „durchdigitalisierte" Gemeinden, die sich auf allen digitalen Handlungsfeldern bewegen.

In unseren Kirchen werden für neue Aufgaben gerne Arbeitskreise gegründet und dann zunächst erst einmal Machbarkeitsstudien oder Denkpapiere verfasst. Das sprengt die Ressourcen, die einer einzelnen Gemeinde zur Verfügung stehen. Es wäre wünschenswert, wenn die Digitalisierer:innen in den Gemeinden an solchen Prozessen in ihren Kirchen teilnehmen und sie durch ihre eigenen Erfahrungen bereichern. Es ist auch gut, wenn Akteur:innen in den Gemeinden nicht blind über die Leitplanken hinweg operieren, die ihnen die Digitalisierungsstrategie ihrer Landeskirche oder Bistums oder das Konzept für Öffentlichkeitsarbeit ihres Kirchenkreises oder des Pfarreiverbundes setzen.

Aber Digitalisierung als gemeindeentwickelndes und -pädagogisches Projekt kann gelegentlich andere und vor allem einfachere Wege gehen. Schauen Sie auf die Bedarfe an Ihrem Ort, in Ihrer Kirchengemeinde! „One size fits all" stimmt einfach nicht. Das kann auch bedeuten, zunächst mit der Arbeit auf einem einzelnen digitalen Handlungsfeld zu beginnen und zu schauen, wohin die Reise geht. In den nun folgenden vier Kapiteln gehen wir mit Ihnen die in unseren Augen wichtigsten digitalen Handlungsfelder ab: Die Gemeindewebseite, Social Media, digitale Werkzeuge für den Gemeindealltag und die Gemeindeverwaltung.

Kapitel 3:

Die Gemeinde-Webseite

Wer nicht gefunden wird, existiert nicht

Um zu verstehen, wie wichtig Webseiten heute noch sind, ist ein kurzer Blick in die Geschichte sinnvoll. Bereits im Jahr 2007 hat der Journalismus-Professor und Internet-Pionier Jeff Jarvis den Satz geprägt: „Do what you do best, link to the rest.“[21] Es ist die beste Kurzbeschreibung dessen, was das Wesen des Internets ausmacht: der Link. Wer „ins Internet“ geht, meint damit zumeist das World Wide Web (WWW): Eine Ansammlung von Webseiten, die Informationen bereitstellen und miteinander verbunden sind. Das Konzept des WWW einschließlich des Übertragungsprotokolls HTTP wurde 1991 von Tim Berners-Lee am Kernforschungszentrum CERN vorgestellt, 1992 kam dann HTML dazu.

HTTP steht für „Hypertext Transfer Protocol“, HTML steht für „Hypertext Markup Language“. HTML bezeichnet eine Auszeichnungssprache, die es ermöglicht, unterschiedliche Dokumente und unterschiedliche Stellen in diesen Dokumenten direkt anzusteuern. Gemeinsam ermöglichen es die Auszeichnungssprache und das Versand- und Empfangsprotokoll mithilfe eines „Universal Re-

21 https://buzzmachine.com/2007/02/22/new-rule-cover-what-you-do-best-link-to-the-rest/ (zuletzt aufgerufen am 29.11.2023).

source Identifiers" – URI, auch „Universal Resource Locator" (URL) genannt –, Dokumente zu strukturieren und untereinander erreichbar zu machen.

Der Link ist inzwischen völlig selbstverständlich geworden. Aber nur durch die Kombination aus Übertragungsprotokoll, Auszeichnungssprache und Link ist das Wissen der Welt tatsächlich online zugänglich gemacht worden. Die bereits angesprochene Auflösung von hierarchischen und räumlichen Grenzen durch die Digitalisierung manifestiert sich hierbei ganz wesentlich: Mit einer Kette von Links kann ich potentiell das gesamte World Wide Web erkunden und jede verfügbare Information in diesem Netz erreichen.

Neben dem World Wide Web wurde die E-Mail zum zweiten großen universalen digitalen Kommunikationsmittel. Heute sind Social-Media-Plattformen aber mindestens genauso wichtig geworden, die vom Wesen her als *walled gardens* funktionieren. Facebook, YouTube, Twitter (seit 2023 X), Instagram und TikTok sind abgeschlossene Plattformen, die wenig Interesse daran haben, Nutzer:innen mit Links aus ihrer geschlossenen Umgebung herauszuführen. Instagram lässt aus diesem Grund keine Links in Beiträgen zu – und trotzdem ist „Link in Bio!" zu einem Standard-Ausspruch auf Instagram geworden. Denn wer auf Inhalte außerhalb der Plattform verweisen möchte, braucht dafür eben wiederum den Link auf diese eigenen Informationen. Am besten an einer möglichst gut zugänglichen Stelle.

Das gilt für Medienunternehmen, die auf ihre Inhalte verweisen, ebenso wie für Firmen, die auf ihre Produkte aufmerksam machen wollen. Um das zu verhindern, haben Social-Media-Plattformen inzwischen eigene Varianten, wie man direkt aus der App heraus Produkte kaufen kann. TikTok ist als jüngste große Social-Media-Plattform am weitesten vorgeprescht und ermöglicht den Einkauf direkt aus der App heraus, ohne dass auf externe Online-Shops verlinkt werden muss. Aber auch auf YouTube, Instagram oder Facebook sind vergleichbare Optionen verfügbar.

Warum ist eine eigene Webseite dann überhaupt noch wichtig, wenn die Menschen sich sowieso nur in den ummauerten Gärten von Social Media aufhalten? *Erstens* ist sie die einzige Plattform, auf der Anbieter die vollständige Kontrolle über ihre Inhalte haben. Dort kann ich garantieren, was genau da steht, wie lange es dort stehen, und in welchem Kontext die Information präsentiert wird. *Zweitens* verschwindet der Inhalt auf einer eigenen Webseite nicht im endlos scrollenden Social-Media-Feed und ist in seiner Sichtbarkeit nicht abhängig von der Auswahl durch intransparente Algorithmen. Wer weiß, wo ein Inhalt steht, kann ihn immer wiederfinden. *Drittens* und für den kirchlichen Kontext sehr wichtig, ermöglicht eine eigene Webseite die direkte Verbindung zu interessierten Menschen. Wer freiwillig, direkt und wiederholt auf meine Webseite kommt, ist mit sehr hoher Wahrscheinlichkeit eine Person, die sich für meine Angebote interessiert oder sich engagieren möchte.

Eine Webseite muss gleichzeitig auf allen Endgeräten funktionieren. Viele Menschen surfen mit dem Smartphone im Internet, so dass jede Webseite *responsiv* sein muss. Das bedeutet, dass sie sich an die Größe des jeweiligen Bildschirms automatisch anpasst und auf dem Smartphone, dem Tablet, dem Laptop oder dem großen Schreibtischbildschirm gut aussieht.

Eine eigene Webseite ist unverzichtbar, weil sie die einzige Plattform ist, die die Kirchengemeinde komplett selbst steuern kann. Sie ist die wichtigste Anlaufstelle, um die Fragen „wer, was, wann und wo" für das Gemeindeleben zu beantworten. Die Webseite muss auf dem Smartphone genauso nutzbar sein wie auf dem großen Computerbildschirm.

Für wen ist eine Webseite da?

Nutzerorientierung setzt allerdings voraus, dass ich meine Nutzer:innen kenne und weiß, für wen die Webseite eigentlich gedacht ist. Für die Webseite einer Kirchengemeinde gibt es mehrere unterschiedliche Zielgruppen, die typischerweise bedacht werden wollen und die mit unterschiedlichen Informationsinteressen auf die Webseite kommen.

Interne Zielgruppen

Zunächst sind da interne Zielgruppen, nämlich alle Menschen, die in ihrem Alltag mit der Gemeinde verbunden sind. Auch sie nutzen die Webseite, um Dinge nachzuschauen! Das sind zum Beispiel:

- Pfarrer:innen
- Gemeindesekretär:innen
- Küster:innen
- Kirchenmusiker:innen
- Mitglieder im Kirchenvorstand
- ehrenamtliche Leitungsteams
- Pfadfinder-Gruppenleitungen
- Chormitglieder
- Konfirmand:innen und Firmlinge
- ...

Was suchen sie auf der Gemeindewebseite? Wenn sie aktuelle Termine nicht sowieso direkt im digitalen Gemeinde-Kalender finden können, schauen diese Menschen oft auf den öffentlichen Webseiten Termine nach. Telefonnummern und E-Mail-Adressen, gerade in großen Gemeindeverbünden oder pastoralen Räumen, werden auch erstaunlich oft gesucht. Die öffentliche Liste der Ansprechpartner:innen ist für die allermeisten auch ein guter Ersatz für das Telefonverzeichnis, denn die Inhalte auf der Webseite sind immer und überall verfügbar.

Die Mitarbeitenden und hoch engagierten Gemeindemitglieder sind häufig diejenigen, die am engsten mit der Gemeinde verbunden sind, und daher eine Hauptzielgruppe für erzählende Inhalte. Was war los beim Gemeindefest? Wer war dabei? Welche Lokalprominenz hat vorbeigeschaut? Wie präsentiert sich die Kirchengemeinde in der Öffentlichkeit?

Sie sind auch diejenigen, die am ehesten wissen wollen, welche Entscheidungen in den regelmäßigen Sitzungen der Gemeindeleitungen getroffen werden, sei es im Kirchenvorstand, im Presbyterium, in ehrenamtlichen Leitungsteams oder wo auch immer. Alles, was für das Gemeindeleben und die haupt- oder ehrenamtliche Arbeit interessant ist, sind ihre Themen: von anstehenden Veranstaltungen bis zu Haushaltsentscheidungen. Sie sind außerdem meist die häufigsten wiederkehrenden Besucher:innen auf der Webseite. Schließlich ist die Gemeindearbeit ein wesentlicher Teil ihres Alltags und ihres Engagements.

Und das Beste ist: Diese Zielgruppen kann man relativ einfach fragen, was sie eigentlich auf der Webseite lesen wollen, und das entsprechend berücksichtigen. Dabei geht es natürlich nur um die Informationen und Inhalte, die auch öffentlich sein dürfen – was für die allermeisten gilt! Viele Mitarbeitende, aber längst nicht alle, haben Zugriff auf unterschiedliche interne Informationskanäle vom nicht-öffentlichen Kalender über einen Gruppenchat bis zu internen Sitzungsprotokollen. Sie können sich über manche Vorgänge auch anders informieren als über die öffentliche Webseite. Aber nur öffentliche Informationen sind wirklich für alle verfügbar! Deswegen sollten so viele Informationen, Entscheidungen und Entwicklungen wie möglich öffentlich aufgeschrieben werden.

Externe Zielgruppen

Andere Menschen, die Gemeindewebseiten nutzen, sind hingegen vollkommen darauf angewiesen, dass ihr Informationsbedürfnis von der öffentlichen Gemeindewebseite erfüllt wird: Die Rede ist von Besucher:innen; Gästen und Partnern aus dem sozialen Umfeld der Gemeinde. Sie kommen mit einem ganz bestimmten Interesse auf die Webseite und werden schnell enttäuscht, wenn sie ihr Ziel gar nicht erreichen können.

Dazu gehören beispielsweise:

- Brautpaare
- Taufeltern
- Firmlings- und Konfirmand:innen-Eltern
- Tourist:innen
- Friedhofsgärtner:innen
- Journalist:innen
- Partner aus Lokalpolitik und Vereinswesen
- ...

Anders als engagierte Gemeindemitglieder haben sie teils erheblich unterschiedliche Bedürfnisse. Je mehr ihrer Anfragen sich auf der Webseite abbilden lassen, umso besser ist der Service der Gemeinde, die ja schließlich für alle Menschen da sein will. Einfach nur mit der Telefonnummer und dem Hinweis „Rufen Sie uns an, unser Telefon ist Dienstag von 12–14 Uhr und Donnerstag von 14–16 Uhr besetzt" lassen sich diese Bedürfnisse nicht mehr erfüllen. Diese Aufforderung stellt vielmehr eine Hürde dar, die nur die entschlossensten Besucher:innen tatsächlich nehmen werden. Guter Service sieht anders aus!

Der beste Start, um die Anfragen der externen Besucher:innen beantworten zu können, ist die Erfahrung in der Gemeinde. Fragen Sie alle Menschen im Gemeindebüro und in weiteren Funktionen, mit welchen Fragen und Wünschen sich Menschen bei ihnen melden. Richten Sie einen Menüpunkt „Anfragen" auf der Webseite ein und bereiten Sie für jede dieser Anfragen eine kleine eigene Seite vor. Jede dieser Seiten sollte auch ein Kontakt- oder Anmeldeformular enthalten, mit dem die Besucher:innen ihr Anliegen direkt und jederzeit an die Gemeinde richten können, ohne auf die Telefonzeiten des Büros Rücksicht nehmen zu müssen.

Diese Seiten sollten die grundsätzlichen Regeln zur Suchmaschinenoptimierung beachten. Hier sind ein paar Beispiele für solche Anfragen, die in vielen Kirchengemeinden eingehen: Ich möchte mich oder mein Kind taufen lassen. Ich möchte in der Kirche XY heiraten. Ich möchte wissen, wann und wie der Firmlings- oder Konfirmand:innenunterricht abläuft und was ich beachten muss. Ich will den Newsletter abonnieren. Ich will in ein Konzert gehen. Ich will in der Gemeinde mitarbeiten. Mein Mann ist gestorben. Ich möchte eine verstorbene Person auf dem Gemeindefriedhof beerdigen lassen. Ich will mir die Kirche anschauen. Ich möchte einen Raum für eine Familienfeier mieten.

Und so weiter! All das sind konkrete Anfragen, die sich immer wieder ergeben. Vermutlich nicht jeden Tag, aber trotzdem immer wieder. Welche Anfragen konkret kommen, kann sich natürlich von Kirchengemeinde zu Kirchengemeinde unterscheiden. Das wissen die Menschen, bei denen jetzt schon alle Anfragen eingehen, am Besten. Wichtig ist: Antworten auf die häufigen externen Anfragen (wie geht das, wer macht das, wann ist das, was kostet das) gehören auf die Webseite, immer mit einer passenden Kontakt- oder Anmeldemöglichkeit. Mindestens sollten aber die Kontaktpersonen mit Stichworten versehen werden, für welche Themen sie angesprochen werden können. Sie sollten der Welt auf jeden Fall mitteilen, wer wofür da ist!

Hilfe anbieten

Es gibt noch eine weitere Gruppe, die auf den Webseiten von Kirchengemeinden nach Informationen sucht: Menschen, die aktiv Hilfe brauchen. Aus guten Gründen hat die Kirche den Ruf, in Notlagen ein Ort zu sein, an dem man Hilfe findet. Das Stichwort Seelsorge ist für die Haupt- und Ehrenamtlichen kein Fremdwort, für viele Menschen ohne kirchliche Sozialisation aber schon.

Mit dem Stichwort Seelsorge kann nicht jede:r etwas anfangen, deshalb sollten entsprechende Angebote auf der Webseite unter Titeln wie „Ich brauche Hilfe“ oder ähnlich leicht verständlichen Stichworten zu finden sein. Zuvor müssen sich die Seelsorger:innen in der Gemeinde und die Menschen, die normalerweise als erste ans Telefon gehen, einmal zusammensetzen und besprechen, wie Hilfe-Gesuche an die Gemeinde am Telefon und auf der Webseite behandelt werden sollen und was unter dem Menüpunkt „Ich brauche Hilfe“ zu finden sein soll.

Welche Unterstützung bieten Menschen aus der Gemeinde tatsächlich an? Auf welche akuten Notfallnummern (Polizei, Feuerwehr, Telefonseelsorge, Nummer gegen Kummer) und andere Online-Hilfsangebote von Landeskirche/Bistum oder Diakonie und Caritas kann man verweisen? Welche Unterstützung bietet die Kirchgemeinde tatsächlich an? Von Schuldnerberatung über Kirchenasyl und Obdachlosenhilfe bis zur Trauerbegleitung: Auch diese Angebote sollten auf der Gemeindewebseite zu finden sein, wenn es sie denn gibt. Und zwar mit mehr als nur einer Telefonnummer. Es ist wichtig, den Menschen da draußen ehrlich zu sagen, was wann geht und was nicht, wann die Gemeinde helfen kann und wann andere Hilfsangebote besser geeignet sind.

Es gibt interne und externe Zielgruppen, die auf der Gemeinde-Webseite nach öffentlichen Informationen suchen. Für beide sollte das Angebot etwas hergeben, und zwar mit möglichst konkreten Inhalten. Bedenken Sie bei der Konzeption Ihrer Gemeinde-Webseite sowohl jene Menschen mit, die in der Gemeinde als Haupt- und Ehrenamtliche mitarbeiten, als auch Gäste und Hilfesuchende. Auf jeden Fall müssen die Informationen, welche Termine aktuell in der Gemeinde anstehen und wie man die Gemeinde erreichen kann, immer gut sichtbar sein.

Wer suchet, der wird finden

Suchmaschinen, SEO und SEM

Es ist in den Weiten des Netzes aber keineswegs selbstverständlich, dass interessierte Menschen eine Webseite überhaupt entdecken. Das passiert auf drei Wegen:

- über den direkten Hinweis auf anderen Kanälen wie Werbung, Plakate oder Gemeindebrief ("Komm auf unsere Webseite!")
- über einen Link auf einer anderen Webseite, zum Beispiel auf den Internetpräsenzen von Bistum, Kirchenkreis oder der Nachbargemeinde und der Webseite der Kommune
- über eine Suchmaschine, angetrieben von einem spezifischen Suchinteresse

Letzteres – der Zugang über Suchmaschinen – hat einen ganzen Wirtschaftszweig hervorgebracht, der sich nur mit *SEO* (*Search Engine Optimization*, deutsch: Suchmaschinenoptimierung) beschäftigt. Google ist mit der Websuche zu einem der dominanten Weltkonzerne geworden, weil es in der Lage war, die unfassbare Vielzahl an Links und Informationen zu katalogisieren und mehr oder weniger passend zur jeweiligen Suchanfrage auszugeben. Weil aber niemand auf die zweite oder gar dritte Seite der Suchergebnisse klickt, beschäftigen Unternehmen Spezialist:innen, die nur dafür zuständig sind, ihre Produkte oder Inhalte möglichst weit oben in den Suchergebnissen auftauchen zu lassen.

Google und andere Suchmaschinen verdienen zudem Geld damit, neben den organischen[22] Suchergebnissen auch bezahlte Ergebnisse anzuzeigen. Sie machen immer die Gratwanderung, den Suchenden zugleich möglichst sinnvolle Ergebnisse anzuzeigen,

22 Organische Suchergebnisse sind die Ergebnisse, die die Suchmaschine über den Suchalgorithmus ausschließlich aus dem durchsuchten Inhalt generiert. Die Algorithmen beziehen für diese Auswahl sowohl das eigene Suchverhalten als auch das Suchverhalten und die Anfragen anderer Nutzer:innen ein.

aber auch solche Anzeigen möglichst sichtbar zu platzieren. Google erfasst außerdem die Suchprofile von Nutzer:innen, um Suchergebnisse wie auch Werbung so passend zu machen, dass die Nutzer:innen immer wiederkommen.

Es ist ein inhärenter Konflikt: Auf der einen Seite ist es das Bestreben einer Suchmaschine, eine Suchanfrage so gut zu verstehen, dass genau *das eine passende* Ergebnis angezeigt werden kann. Google tut das zum Beispiel bei Sachfragen mit der Antwortbox, die direkt das gewünschte Ergebnis ausgibt, ohne auf die Quelle zu verlinken. Wer das noch nie ausprobiert hat: Google macht das zum Beispiel bei Umrechnungsfragen wie „10 km in Meilen“ oder Sachfragen wie „Wie groß ist Europa?“. Auf der anderen Seite möchte Google möglichst viele Platzierungen für bezahlte Werbung ermöglichen, selbst wenn es sich dabei nicht um das handelt, was jemand gerade sucht.

Google hat bei der Web-Suche einen extrem hohen Marktanteil in Deutschland: 80% der Desktop-Suchanfragen und 96% der Suchanfragen über Smartphones laufen laut Statista[23] über die Suchmaschine. Durch die schnellere Integration von sogenannter „Künstlicher Intelligenz“ im KI-Hype-Jahr 2023 hat sich Microsoft mit seiner Suchmaschine Bing bei den Desktop-Suchen auf rund 13% Marktanteil vorgearbeitet, aber auf Smartphones ist Google noch unangefochten.

Wer nicht direkt bei den kommerziellen Anbietern suchen möchte, zum Beispiel damit die Suchergebnisse nicht durch ein personalisiertes Suchprofil beeinflusst werden, kann Alternativen nutzen. Das sind zum Beispiel:

- Startpage.com – gibt Suchanfragen anonymisiert an die Google-Suche weiter und zeigt die Ergebnisse ohne Tracking an
- DuckDuckGo – finanziert sich ebenfalls über Werbung, aber legt keine personalisierten Profile an und bekommt die Suchergebnisse von Microsofts Bing und weiteren Quellen

23 https://de.statista.com/statistik/daten/studie/301012/umfrage/marktanteile-der-suchmaschinen-und-marktanteile-mobile-suche/ (zuletzt abgerufen am 29.11.2023).

- Ecosia – wird von einer Berliner GmbH betrieben, speichert keine Profile, bezieht Suchergebnisse und Anzeigen von Microsofts Bing und spendet den Großteil des Gewinns an Organisationen, die weltweit Bäume pflanzen
- SuchHier – ist eine Suchmaschine auf der Basis von Microsofts Bing, die vom Versicherer im Raum der Kirchen (VRK) angeboten wird, keine Suchprofile speichert und über die Werbeeinnahmen soziale Zwecke fördert

Für die einzelne Nutzer:in gibt es trotz der enormen Marktmacht von Google durchaus Optionen, mit mehr Privatsphäre nach Inhalten im WWW zu suchen und zugleich der Umwelt und sozialen Initiativen etwas Gutes zu tun. Aber wie steht es um die Inhalte-Anbieter? Wie können gerade Kirchengemeinden dafür sorgen, dass ihre Inhalte tatsächlich auch gefunden werden?

Grundlagen von SEO für Kirchengemeinden

Es ist wichtig, dass Ihre Inhalte auffindbar sind und die eigene Webseite dafür den gängigen technischen Standards entspricht. Sonst lohnt sich all die Mühe bei der liebevollen Gestaltung einer Gemeindewebseite nicht. Um auffindbar zu sein, ist es notwendig, ein paar Grundpfeiler zu beachten:

- eine sinnvolle, verständliche Sprache
- die Bereitstellung von maschinenlesbaren Informationen[24]
- beschreibende Schlagworte, sogenannte „Meta-Tags“, im HTML-Code der Webseite
- eine sinnvolle, responsive Darstellung auf allen Bildschirmgrößen von mobilen Geräten bis zum Desktop-PC

24 Für die Stuktur von maschinenlesbaren Informationen gibt es Standards, die von der Initiative schema.org vorgegeben werden. Gängige Webseitenbaukästen und guter HTML-Code folgt diesen Vorgaben ohnehin.

- eine sinnvolle Seitenstruktur einschließlich der richtigen Auszeichnung der verschiedenen Überschriften im HTML-Code

Die digitalen Suchroboter (Crawler) der Suchmaschinen legen auch weiterhin großen Wert auf diese grundlegenden Bestandteile guten Webdesigns.

Vor allen anderen Dingen ist wichtig, die klassische Kirchensprache zu vermeiden. Inhalte im Netz dürfen gern ausführlich und komplex sein, aber sie sollten in verständlichen und bekannten Worten formuliert sein. Auf der Webseite von Google Trends[25] kann man vergleichen, welche Begriffe häufiger verwendet werden als andere. Wenn man dort die Schlagwörter „Hochzeit", „Heirat" und „Trauung" vergleicht, sieht man direkt, dass „Hochzeit" mit Abstand der meistgesuchte Begriff von den dreien ist. Auch wenn man im kirchlichen Kontext lieber von „Trauung" sprechen möchte: Wenn nicht irgendwo auf der Seite „Hochzeit" steht, findet niemand, der danach sucht, die entsprechende Seite.

Für die verwendete Sprache sind die Menschen zuständig, die die Webseite mit Inhalten füllen. Die technischen Grundlagen hingegen sind in den meisten Webseitenbaukästen von vornherein schon so angelegt, dass Kirchengemeinden sich darüber üblicherweise keine Sorgen machen müssen.

Auch die Anzahl der Links, die auf eine Webseite verweisen, ist traditionell ein positiver Indikator für Suchmaschinen. Kirchengemeinden sollten sich deshalb nicht zu schade sein, auf die Nachbargemeinden, den Kirchenkreis und die Landeskirche oder das Bistum zu verweisen. Sprechen Sie die Mitarbeiter:innen für Öffentlichkeitsarbeit in ihrer Kommune, bei Vereinen und Nachbargemeinden, bei Diakonie- und Caritas in ihrer Umgebung an: Von deren Webseiten kann üblicherweise gut auf Ihre Gemeindewebsite zurückverwiesen werden.

25 https://trends.google.com (zuletzt abgerufen am 29.11.2023).

Außerdem arbeiten Suchmaschinen seit Jahren daran, Inhalte auf Webseiten besser zu verstehen. Die konkreten Schritte, die Anbieter wie Google und Microsoft dabei gehen, bleiben meist im Verborgenen, damit die Konkurrenz und professionelle Suchmaschinenoptimierer diese Änderungen nicht aktiv ausnutzen können. Das sogenannte „Panda"-Update von 2011 und der „Hummingbird"-Algorithmus von 2013 waren beispielsweise zwei öffentlich diskutierte Aktualisierungen der Art und Weise, wie Google Inhalte bewertet und Suchanfragen versteht. Ziel dieser Änderungen war, qualitativ hochwertigen Inhalt besser zu erkennen und zu verstehen und Suchanfragen nicht nur als Ansammlung von Stichworten zu erfassen, sondern die Absicht hinter dem Text besser zu verstehen. Diese „semantische Suche" wird von großen Sprachmodellen (*large language models*) und dem maschinellen Verständnis natürlicher Sprache (*natural language processing*) ermöglicht. Diese Technologien sind auch wesentliche Teile der Sprachsysteme, die als sogenannte „Künstliche Intelligenz" im Jahr 2023 Schlagzeilen machten.

Diese Art der Suche wird mit zunehmender Rechenleistung und Weiterentwicklung der zugrunde liegenden Technologien zum Sprachverständnis wichtiger und reagiert vor allem auf gute, einzigartige Inhalte. Die Suchmaschinenoptimierung in diesem Bereich lässt sich einfach zusammenfassen: Texte, Audios, Videos und Links, die von Menschen leicht verstanden werden, findet auch die Suchmaschine gut.

Eine gezielte Optimierung auf spezifische einzelne Inhalte bis hin zum sogenannten *Search Engine Marketing* (SEM), dem Schalten von bezahlten Anzeigen in Suchergebnislisten, bietet Kirchengemeinden dagegen nicht genug Mehrwert für den Aufwand, den sie dafür betreiben müssen. Denn eine lokale Kirchengemeinde, Pfarrei oder ihr regionaler Zusammenschluss steht nicht in Konkurrenz zu Anbietern, die exakt das gleiche anbieten.

Ein Beispiel, um das genauer zu erläutern: Wer Staubsauger-Roboter verkauft, möchte natürlich, dass das eigene Angebot bei der Suche nach dem Stichwort „Staubsauger-Roboter" ganz oben steht.

Die bekannteste Marke für solche Geräte ist „Roomba". Wenn jemand danach sucht, möchte deren Hersteller iRobot natürlich, dass die eigenen Geräte dann auch ganz oben in der Liste der Suchangebote auftauchen. Konkurrenten von iRobot, die ebenfalls Staubsauger-Roboter herstellen, wollen aber, dass ihr Produkt ebenfalls dort erscheint, selbst wenn jemand direkt nach „Roomba" sucht. Dafür sind sie bereit, viel Geld auszugeben, um der anderen Marke nicht einfach das Feld zu überlassen. Google muss dann übrigens entscheiden, ob nur die spezifische Suchanfrage nach „Roomba" erfüllt wird oder auch Anzeigen für andere Geräte als Ergebnis aufgeführt werden, mit denen Google zwar sein Geld verdient, die aber das Kundeninteresse vermutlich nicht so genau treffen.

Für Kirchengemeinden gilt das nicht in gleicher Weise. Nachbargemeinden haben normalerweise nicht zum Ziel, Suchanfragen zu sich „umzuleiten", die besser bei einer anderen Kirchengemeinde beantwortet werden. Für Kirchengemeinden ist es viel wichtiger, dass ihre Veranstaltungen und Einladungen an möglichst vielen Stellen auftauchen, zum Beispiel in städtischen Veranstaltungsübersichten, damit Menschen überhaupt davon erfahren.

Kirchengemeinden sollten im Internet aber eindeutig identifizierbar sein, denn auch das ist Teil von Suchmaschinenoptimierung – und ein Service für Menschen, die nicht auf Anhieb erkennen können, wo sie denn gelandet sind. Wer beispielsweise nach „Liebfrauengemeinde" sucht, findet hunderte Ergebnisse. Gemeinden sind erst eindeutig identifizierbar, wenn sie ihren Ort auch auf der Webseite nennen und am besten auch im Titel tragen. Denn die „Evangelische Liebfrauengemeinde Neustadt am Rübenberge" und die „Katholische Liebfrauengemeinde Berlin-Kreuzberg" unterscheiden sich dann doch wesentlich.

Deshalb sollten Kirchengemeinden bei der Darstellung auf ihrer Webseite immer daran denken, dass sie im fröhlichen Durcheinander aller anderen Kirchgemeinden auch wirklich *unterscheidbar* identifizierbar sind. Um Gäste und Interesssierte, die nach Angeboten suchen, via Suchmaschine an den richtigen Ort zu lenken, macht das einen riesigen Unterschied. Liebe Liebfrauen-, Markus-, Johannes-, Matthäus- und Lukas-Gemeinden: Sagt auch immer den Ort dazu, am besten direkt in der *URL*, also in der Adresse der eigenen Webseite. Dass die URL dadurch viel zu lang würde, darüber müssen Sie sich keine Gedanken machen. Die Menschen kommen im Internet entweder über einen Klick auf einen Link zu Ihnen oder indem sie „Gemeindename Ort" in die Adress- bzw. Suchzeile des Browsers eintippen. Wer also nach „Liebfrauengemeinde Neustadt" sucht, sollte damit auch die richtige finden.

So können sich Kirchengemeinden in den organischen Suchergebnissen gut positionieren, ohne Werbung auf Google oder Bing zu schalten. Um Menschen zu erreichen, die zur lokalen und regionalen Zielgruppe gehören, ist es effektiver, Links zur eigenen Webseite im Newsletter oder im Gemeindebrief unterzubringen. Auch Social-Media-Kanäle spielen dabei eine Rolle.[26] Geld für Suchmaschinenwerbung auszugeben, lohnt sich zudem auch erst ab einer Größenordnung, die die meisten Kirchengemeinden im Normalfall gar nicht erreichen. Eine Gemeinde mit 4.500 Mitgliedern muss kein Interesse daran haben, aus 4.500 Webseitenbesucher:innen 45.000 zu machen.

Eine Ausnahme davon können touristisch populäre Kirchen oder Event- und Kulturkirchen sein, die große potentielle Zielgruppen erreichen möchten. Dann kann gezieltes SEO und Suchmaschinen-Marketing ein Teil eines Marketingkonzepts sein, das auf ihre Angebote zugeschnitten ist. Solche Orte sind aber ein anderer Anwendungsfall als die allermeisten Kirchengemeinden. Sie haben meistens mehr Ressourcen zur Verfügung und können und sollten sich professionelle Unterstützung holen, sei es bei Agenturen, Dienstleistern, Software-Anbietern (zum Beispiel für funktionierende Buchungs- und Ticketingsysteme) oder durch die Anstellung eigener Profis für den SEO- und Marketingbereich.

---

26 Siehe Kapitel 4 – Wen will ich wo erreichen?

Wer per Suchmaschine nicht gefunden werden kann, existiert (digital) nicht. Mindestens die Frage „Was ist in meiner Gemeinde heute / morgen / in der nächsten Woche los?" muss online beantwortet werden. Denn die Suchfunktion im Internet ist gerade auf Smartphones der typische Eingangsweg zu jeder Information. Eine
Platzierung in Suchergebnislisten zu kaufen lohnt sich für Kirchengemeinden normalerweise nicht.

Die Kirchgemeinde auf der Karte einzeichnen

Neben den klassischen Suchmaschinen-Bedienoberflächen, die einfach aus einem Eingabefeld bestehen und darunter Ergebnisse auswerfen, gibt es noch einen anderen relevanten Weg, auf dem Menschen mithilfe einer Online-Suche zu einem digitalen Angebot finden, der hier erwähnt werden muss: die Kartendienste Google Maps und Apple Maps.

Um dort mit den richtigen Informationen aufzutauchen, sollten Kirchengemeinden mindestens ihr Google-Unternehmensprofil für sich beanspruchen und mit jenen Mindestinformationen füllen, die auch auf der eigenen Webseite stehen sollten:

- Wo ist die Kirche, wo ist das Gemeindehaus?
- Wann ist das Gemeindebüro erreichbar?
- Wann ist die Kirche geöffnet?
- Wie kann man die Gemeinde per E-Mail und Telefon erreichen?

Manche Landeskirchen nutzen im Projekt „Digitale Kirchtürme" den Dienstleister Yext, um diese Informationen flächendeckend korrekt zu halten und in allen Verzeichnisdiensten von Google Maps bis Gelbe Seiten einzutragen. Dort, wo Landeskirchen und Bistümer diesen Service nicht anbieten, sollten Kirchgemeinden ein eigenes Google-Unternehmensprofil anlegen und diese Informationen dort korrekt hinterlegen – dazu noch ein paar schöne Fotos von der Kirche.

Manchmal ist es sinnvoll, auf Google Maps neben dem Eintrag im Google-Unternehmensprofil weitere Orte auffindbar zu machen, beispielsweise, wenn Gemeindehaus und Kirche auf Google Maps ansonsten nicht zu unterscheiden sind. Dafür können Sie die Zusatzfunktion von Google Maps nutzen, fehlende Orte nachzutragen. Öffnen Sie Google Maps auf einem Computer, suchen Sie nach der Adresse des fehlenden Ortes (zum Beispiel des Gemeindehauses) und wählen Sie die Option „Fehlenden Ort hinzufügen“. Es kann auch die gleiche Adresse sein wie die Kirche, denn an einer Postadresse können verschiedene Orte auf Google Maps hinterlegt sein.

Auf der eigenen Webseite müssen diese Informationen auf jeden Fall auch vollständig und aktuell sein, weil andere Online-Werkzeuge nach wie vor das WWW absuchen, um ihre Informationen zu gewinnen.

Wie anfangs bereits erwähnt, gibt es jenseits der Ergebnisse von Online-Suchen noch zwei weitere relevante Wege, Besucher:innen auf die eigene Webseite zu bringen: Direkte Links und persönliche Empfehlungen.

Was der Suchmaschine hilft, Inhalte zu entdecken, hilft auch uns Menschen und umgekehrt. Links von anderen Webseiten sind immer hilfreich, und zumindest die Nachbargemeinden und der zugehörige Kirchenkreis oder das Dekanat sollten auf die Gemeindewebseite verweisen. Das gilt ebenso für städtische Web-Angebote. Um herauszubekommen, was da möglich ist, können Sie die entsprechenden Öffentlichkeitsbeauftragten direkt ansprechen oder – im städtischen Bereich – mit den Verantwortlichen für Tourismus und Öffentlichkeitsarbeit Kontakt aufnehmen. Auch Heimatvereine, Stadtviertel-Initiativen und Lokal- und Regionalmedien können auf Gemeindewebseiten verlinken. Letztere sollten das ohnehin in ihren Veranstaltungslisten tun. Falls nicht, fragen Sie einfach nach, was dafür passieren muss und in welchem Format oder mit welcher technischen Anbindung Termine übertragen werden können.

Häufig übersehen und darum vernachlässigt wird die Möglichkeit der direkten Empfehlung. Links, die per E-Mail, Messenger oder auf anderen gewohnten Kanälen von vertrauten und vertrauenswürdigen Menschen kommen, öffnen die meisten Leute tatsächlich auch. Fordern Sie Menschen dazu auf, Inhalte Ihres Webangebotes weiterzuverbreiten, die ihnen gefallen haben! Ein solcher *Call to Action*, ein Aufruf zum Handeln, darf ruhig überall dabei stehen.

Beispiele dafür kennen Sie zuhauf: Wenn Moderator:innen im Radio sagen „Bleiben Sie dran!“ oder die „Tagesschau“-Sprecher:innen auf eine nachfolgende Sendung hinweisen, sind das solche *Calls to Action*. In YouTube-Videos ist der Satz „Gebt einen Daumen nach oben, schreibt einen Kommentar, abonniert den Kanal!“ unverzichtbar. Das kommt in jedem Video, denn es gibt immer jemanden, der den YouTube-Kanal gerade erst entdeckt hat. Dasselbe gilt auch für Ihre Inhalte und Veranstaltungen auf der Gemeindewebseite: Fordern Sie aktiv dazu auf, eine Einladung weiterzuleiten, einen Termin oder eine Videobotschaft an Freunde, Bekannte und Verwandte zu schicken und auch an alle, die sich dafür interessieren könnten! Bessere Werbung können Sie nicht bekommen!

> Mehr Menschen suchen auf Google Maps und Apple Maps, als Sie glauben. Tragen Sie Ihre Gemeinde mit den wichtigsten Informationen auch dort ein!

Was kann und sollte man messen?

Wer eine eigene Webseite hat, hat auch die Möglichkeit, eigene Nutzungszahlen zu erfassen. Das Geschäftsmodell einer Kirchengemeinde beruht zwar nicht auf der Menge an Nutzer:innen, die sich auf der eigenen Webseite umschauen, dennoch ist Zählen und Messen eine Grundlage für Erfolg. Es gibt grundsätzlich einige schnell zu erfassende Kennzahlen, die Gemeinden weiterbringen können – längst nicht alle von ihnen sind übrigens digital. Kirchengemeinden tun sich allerdings manchmal schwer mit der schnöden

Statistik, weil sie nicht wissen, warum sie über die zwei jährlichen Zählsonntage hinaus überhaupt weitere Zahlen erfassen sollten. Dabei sind Messungen sehr hilfreich, um den eigenen Ressourceneinsatz zu steuern.

Es gibt den Management-Spruch „What gets measured gets done“: Was gemessen wird, wird auch gemacht. Das stimmt aber nur, wenn es Ziele gibt, auf die die Kennzahlen hinarbeiten sollen. Um Schlussfolgerungen aus Zahlen zu ziehen, muss man Ziele festlegen und dann sehen, wie sich die Zahlen mit Blick auf dieses Ziel entwickeln. Dazu gehört auch, einen Zeitraum festzulegen, in dem die Ziele erreicht werden sollen und währenddessen die zugehörigen Zahlen erfasst werden müssen. Egal ob Woche, Monat oder Quartal: Am Ende des jeweiligen Zeitraums schaut man gemeinsam nach, ob die vereinbarten Ziele erreicht wurden – und wenn nicht, muss man etwas verändern.

Das bedeutet, dass vor allem jene Zahlen wichtig sind, die sie als Kirchgemeinde selbst positiv beeinflussen können. Denn Dinge zu messen, die man nicht ändern kann, wird keine Handlungsempfehlungen hervorbringen. Mindestens ein Messpunkt steht allen Kirchengemeinden schon seit Jahrzehnten zur Verfügung: Die jährliche Entwicklung der Mitgliederzahlen. Die allein reicht aber nicht aus, um wirklich zu sehen, wie es der Gemeinde geht.

Eine weitere einfach erfassbare Zahl ist die Anzahl der tatsächlichen Besucher:innen bei Veranstaltungen. Vom Gottesdienst über Konzerte bis zu Jugendgruppen ergibt es Sinn, zu wissen, wofür sich mehr und wofür sich weniger Besucher:innen und Teilnehmer:innen begeistern konnten. Auf den Einsatz in Kirchgemeinden spezialisierte Software bietet die Option, Informationen über Besucher:innenzahlen direkt an der Veranstaltung in der entsprechenden App zu erfassen. Wer noch keine digitale Arbeitsplattform für die eigene Kirchgemeinde nutzt, kann die Anzahl von Teilnehmer:innen auch in Excel-Tabellen erfassen.

Machen sollte man das aber auf jeden Fall, denn die regelmäßige Besucher:innen-Zahl liefert die Antwort auf die Frage: Kommen die Menschen, und werden es mehr? Dabei sollten Gemeinden auch schauen, ob die gewünschte Zielgruppe dabei ist oder ob doch andere Menschen kommen. Wenn zur Kirchenchorprobe 40 Menschen erscheinen, aber die Hälfte von ihnen statt Kantaten lieber Gospel singen möchte, ist es vielleicht Zeit für einen eigenen Gospel-Chor. Wenn zum geplanten Seniorennachmittag viele alleinerziehende Eltern mit Kindern kommen, brauchen sie vielleicht auch ein eigenes Angebot für diese Zielgruppe.

Eine zweite interessante Kennzahl ist diejenige der von der Gemeinde versandten Newsletter. Anders als beim analogen Gemeindebrief lässt sich hier unkompliziert herausfinden, wie viele Empfänger:innen den Newsletter tatsächlich öffnen. Erfolgreiche Newsletter werden regelmäßig verschickt und passen zu den Interessen der Empfänger:innen. Wenn eine Kirchgemeinde Newsletter für spezifische Gruppen veröffentlicht, sollte dieses Engagement auch einen Trend von mehr Besucher:innen bei den jeweiligen Veranstaltungen verursachen. Die Zahl der Newsletter-Empfänger:innen ist ebenfalls interessant, um zu sehen, ob sich durch verstärkte Ansprache und Erinnerungen prinzipiell mehr oder weniger Menschen für die Angebote der Gemeinde interessieren.

Die Zahl der Newsletter-Empfänger:innen sollte stetig steigen. Wenn sie auf einmal rapide sinkt, ist eine schnelle Ursachen-Suche angebracht. Hat das technische Gründe? Gab es so große Kontroversen, dass sich Menschen von der Gemeinde abwenden? Oder ist es einfach ein langsamer Trend, der darauf hindeutet, dass die Inhalte und Veranstaltungen der Gemeinde weniger interessant werden? Wer regelmäßig Newsletter verschickt (mindestens einmal alle acht Wochen), sollte keine Abonnent:innen verlieren. Zu Newslettern melden sich Menschen prinzipiell nämlich freiwillig an. Stellschrauben, die für eine gelungene Gestaltung von Newslettern zur Verfügung stehen, sind die Inhalte, die Frequenz des Versands und das Design der E-Mail.[27]

27 Siehe Kapitel 5 – Newsletter.

Alles für die Klicks? Analytics als Interessens-Barometer

Links im Newsletter und auf externen Webseiten (zum Beispiel kommunalen Veranstaltungskalendern) sollten sich auch in den Klickzahlen auf die jeweiligen Angebote auf der Gemeindewebseite widerspiegeln. Schon die Antwort auf die Frage, welche Kategorie an Angeboten häufiger angeklickt wird und welche Angebote oder Inhalte kein Interesse hervorrufen, ist ein erster Indikator, welche Angebote im Rahmen der Kirchengemeinde prinzipiell sinnvoll sind. Drei Zahleninterpretationen sollte man dafür im Blick behalten:

Wenn es Veranstaltungen gibt, die im Newsletter niemand anklickt und zu denen auch niemand kommt, müssen sie grundsätzlich hinterfragt werden: Inhalt, Form, Ort und Zeit sind offensichtlich nicht attraktiv oder die Zielgruppe wird überhaupt nicht erreicht.

Wenn es Veranstaltungen gibt, die im Newsletter und auf der Gemeindewebseite häufig angeklickt werden, zu denen aber schlussendlich niemand kommt, ist das die Nachfrage wert, warum nicht. Auch hier sind Form, Ort und Zeit möglicherweise ungeschickt gewählt. Es lohnt sich, hier bei den Interessierten nachzufragen, woran es liegen könnte, dass sie trotz Interesse nicht da waren.

Veranstaltungen, die gut angeklickt werden und zu denen Leute auch tatsächlich kommen, können als gelungen gelten. Man sollte aber nicht vergessen, auch hier nachzufragen, was den Besucher:innen besonders zugesagt hat, damit man genau das wiederholen und auf andere Angebote übertragen kann.

Die Zahl der Besucher:innen auf der Gemeindewebseite und ihren Unterseiten ist ohnehin ein guter grundlegender Indikator, was die Menschen im Einzugsbereich der Gemeinde interessiert. Diese Informationen sollten dann auch in den Vordergrund gestellt werden!

Webmaster:innen und Gemeindeleitung sollten sich nicht davon täuschen lassen, was sie glauben, was im Vordergrund ihrer Arbeit stehen sollte. Ein erfolgreiches Webangebot orientiert sich daran, was die Menschen tatsächlich suchen. Jede Person, die aktiv und direkt auf eine Webseite geht, hat ein eigenes Informationsinteresse. In Summe und über einen längeren Zeitraum zeigen die Auswertungen, was die meisten Menschen dort tatsächlich suchen. Das – und nicht Vorannahmen oder interne Vorgaben – sollte bestimmen, welche Inhalte auf der Webseite prominent platziert werden.

All das funktioniert natürlich nur mit Inhalten, die tatsächlich *da* sind. Wenn die Analyse-Werkzeuge zum Beispiel zeigen, dass die Wegbeschreibung zur Kirche häufiger aufgerufen wird als die Sonntagspredigt, dann gehört die Wegbeschreibung ganz nach vorne. Inhalte, in denen viel Arbeit steckt und die der Darstellung der Inhalte und der Theologie in der Gemeinde dienen, dürfen natürlich auch sichtbar platziert werden. Webmaster:innen müssen aber akzeptieren, dass sie das Verhalten von Nutzer:innen nicht vorhersehen können, und bereit sein, häufig gesuchte Inhalte auch in den Vordergrund zu rücken. Das bedeutet *nicht*, dass diese die einzigen wichtigen Inhalte sind. Aber die Gemeindewebseite sollte nicht absender-gesteuert daherkommen. Ein gerüttelt Maß an Nutzerorientierung hilft dabei, jedes Webangebot besser zu machen.

Messmethoden auf der eigenen Webseite

Um Informationen auf Webseiten optimal zu präsentieren, gibt es drei Stellschrauben: die Inhalte, die Häufigkeit von Veröffentlichung oder Aktualisierung und die Gestaltung der Webseite. Um zu erkennen, was Veränderungen an diesen Stellschrauben bewirken, muss man aber das Verhalten der Nutzer:innen messen, sonst erkennt man den Effekt der Veränderungen nicht.

Es gibt mehrere Methoden, das Verhalten von Webseiten-Besucher:innen zu erfassen, auch ohne dauerhafte Nutzer:innenprofile zu speichern oder der Datensammlung von großen Suchanbietern mehr Material zu liefern.

Google Analytics ist die meistverbreitete Lösung, aber kann aus

Sicht kirchlicher Datenschützer bedenklich sein, weil der Einsatz von Google Analytics ohne spezifische Einstellungen die Sammlung von Datenprofilen der Webseitenbesucher:innen unterstützt. Es gibt allerdings auch mit Google Analytics die Möglichkeit, das Verhalten von Besucher:innen nicht personalisiert zu erfassen. Jedes Gerät, das für den Besuch einer Webseite genutzt wird, überträgt dabei die so genannte IP-Adresse, die verrät, von wo aus dieses Gerät auf das Angebot zugreift. Die Information, von welchem Ort und welchem Anschluss ein Gerät auf eine Webseite zugreift, fällt schon in den Bereich personenbezogener Daten, die vom Datenschutzrecht erfasst werden. Bei fast allen Analyse-Werkzeugen, auch bei Google Analytics, gibt es jedoch Einstellungsmöglichkeiten, um sicherzustellen, dass diese Informationen nicht mit erfasst werden.

Ebenso sollte man in jeder Analyse-Software das so genannte *Fingerprinting* überprüfen, mit dem alle möglichen Details über den verwendeten Webbrowser und das Gerät erfasst werden können. Auch hier ist nur eine bestimmte Detailtiefe überhaupt nötig, um das eigene Angebot optimieren zu können. Ob die Besucher:innen mit dem Smartphone oder Desktop auf die Webseite zugreifen und welche Browser sie benutzen, ist relevant für Entscheidungen über die Gestaltung. Welche exakte Hardware dahintersteckt, ist letztlich egal.

Nutzungsdaten, die auf diese Weise anonymisiert werden, geben den Webmaster:innen immer noch die Information, welche Inhalte wie oft gelesen werden und wo die Besucher:innen herkommen– nur ohne die Möglichkeit, die Geräte und Webbrowser der Besucher:innen tatsächlich zu identifizieren. Das reicht für die Analyse-Zwecke von Kirchengemeinden völlig aus. Administrator:innen sollten diese Detailtiefe im Analyse-Werkzeug ihrer Wahl entsprechend einstellen.

Die Grundregel, zum frühestmöglichen Zeitpunkt Zugriffsdaten zu anonymisieren, gilt übrigens auch für andere Lösungen zur Erfassung von Webseiten-Nutzung. Es gibt zahlreiche Open-Source-Alternativen und kostenpflichtige, aber datenschutzbewusste Anbieter, die Nutzungsauswertungen von Webseiten ermöglichen. Programme wie „Matomo“ oder das noch relativ junge „Plausible“ bieten inzwischen die Option, die Analyse-Werkzeuge entweder kostenlos auf einem eigenen Server zu installieren oder stattdessen eine datenschutzkonforme Installation des Anbieters zu nutzen, für die allerdings monatlich oder jährlich Kosten anfallen.

Viele Webseitenbaukästen bieten zudem Analytics-Werkzeuge an, die alle Datenschutzfragen schon von vornherein gelöst haben. Bestenfalls gilt das nicht nur für die Datenschutzgrundverordnung (DSGVO), sondern auch für die entsprechenden Kirchengesetze (DSG-EKD und KDG). Gemeinden können ihre Webseitenanbieter gezielt danach fragen und entsprechend auswählen.

Die Beliebtheit von Inhalten auf der Gemeindewebseite und den Erfolg Ihrer Newsletter können Sie messen und sollten es auch tun. Die Ergebnisse helfen Ihnen dabei, die Inhalte nach vorne zu stellen, für die sich Ihre Besucher:innen am meisten interessieren. Datenschutz ist kein Hindernis dafür, denn es gibt datenschutzkonforme Messmethoden.

Was muss *nicht* auf die eigene Webseite?

Auf die eigene Webseite gehören alle Informationen, die Fragen von externen und internen Besucher:innen beantworten: Mindestens immer die aktuellen Termine und Ereignisse, dazu Kontaktmöglichkeiten und Antworten auf solche Anfragen, die wiederholt gestellt werden.

Worauf kann man denn im Gegenzug verzichten? Drei Grundsätze helfen bei der Entscheidung:

Erstens müssen Sie Informationen nicht erneut anbieten, die andere schon gut zur Verfügung stellen und auf die man sinnvoll verlinken kann. Dazu gehören insbesondere allgemeine Informationen zu Gebet, Glaube, Spiritualität und Christentum: Das machen andere besser und auf die bestehenden Webseiten zu verlinken, stärkt alle und macht diese zentralen Inhalte besser auffindbar.

Was kann hingegen nur die eigene Kirchgemeinde liefern? Das sind die Inhalte, auf die Sie sich konzentrieren sollten. Die Zehn Gebote, das Vaterunser, Informationen zur allgemeinen Verwendung von Kirchensteuern oder zur Struktur der Institution Kirche finden sich auf den Webseiten der Landeskirchen und Bistümer zuhauf. „Do what you do best, link to the rest" – was die Gemeinde am besten kann, sind die Inhalte, die sie selbst betreffen und die dort entstehen.

Links auf andere Angebote sind immer auch ein kleines Geschenk an die Empfänger:innen und eine vertrauensvolle Empfehlung. Deshalb sollte man vor dem Setzen eines Links einmal prüfen, dass auf der Zielseite kein Unsinn erzählt wird und die Besucher:innen auf eine vertrauenswürdige Webseite geleitet werden.

Zweitens kann man das weglassen, was niemanden interessiert. Die am wenigsten genutzten Inhalte gemäß der eigenen Messungen sollten keine weitere Arbeit machen. Energie und Aufmerksamkeit sind besser eingesetzt, um beliebte dauerhafte Inhalte besser zu machen oder neue Inhalte zu erstellen, um auszuprobieren, wie erfolgreich sie im Vergleich zu alten Inhalten sind.

Ausnahmen davon sind natürlich Schlüsselinformationen, die anderswo gar nicht verfügbar wären, sowie notwendige Pflichtinformationen. Schlüsselinformationen sind beispielsweise die Zusammensetzung des Gemeindeteams und Kontaktmöglichkeiten (per Telefon, E-Mail und Formular), auch wenn diese Unterseite Ihrer Webseite selten aufgerufen werden sollte. Gesetzliche Pflichtinformationen wie das Impressum und die Datenschutzerklärung kann man natürlich auch nicht weglassen, selbst wenn sie niemand regelmäßig anschaut.

Ein Praxistipp zum Impressum: Wenn es auffällig oft aufgerufen wird, sollte die Möglichkeit zur Kontaktaufnahme mit den Menschen in der Gemeinde auf der Webseite sichtbarer gemacht werden. Meistens suchen Menschen im Impressum nämlich einfach die grundlegenden Kontaktinformationen, und dafür ist eine eigene

Kontakt-Seite die deutlich bessere Lösung. Auf dieser Seite sollten dann auch die Zuständigkeiten verzeichnet sein, wer wofür die richtige Ansprechpartner:in ist.

Drittens ist kein eigenes Video- und Audio-Hosting nötig. Um Videos hochzuladen und nutzerfreundlich anzuzeigen und einzubetten, stehen Angebote wie YouTube, Vimeo oder Dailymotion (eine EU-basierte Plattform) zur Verfügung. Mit Soundcloud, hearthis oder Bandcamp kann Musik zur Verfügung gestellt werden, wenn es eigene Aufnahmen gibt, die Gemeinden gern präsentieren wollen. Podcast-Services wie Podigee, Simplecast, LibSyn und zahlreiche weitere machen es einfach, das Audio von Predigten und Andachten als Podcast zu verbreiten und es auf der eigenen Seite einzubetten.

Wie und wo finde ich Material?

Wo finden Sie nun ganz exklusive und zielgruppenorientierte Inhalte, um die eigene Webseite regelmäßig mit passenden und originalen Inhalten zu bestücken? Fünf Quellen stehen jeder Kirchengemeinde zur Verfügung:

1) Sachinformationen, die nur die Gemeinde kennt

Darunter fallen die grundlegenden Fakten: Wo befinden sich die Kirchen, Gemeindehäuser und Büros, die zur Gemeinde gehören? Adressen, Anfahrtsbeschreibungen, vielleicht eine Karte dazu bieten sich an. Wichtig ist dabei, den Unterschied zwischen Postadresse und den verschiedenen Besuchsadressen klarzustellen: Wo soll die Post hin und wohin können die Menschen kommen?

Außerdem gehören die Personen, die in der Gemeinde arbeiten, zu diesen Informationen. Sie sollten am besten mit Bild, einer kurzen (Selbst-)Vorstellung präsentiert werden. Dazu gehören auch die direkten Kontaktmöglichkeiten per dienstlichem Telefon und E-

Mail-Adresse oder Kontaktformular, wenn die Personen die personalisierte E-Mail-Adresse nicht veröffentlichen möchten. Ein Kontaktformular sollte direkt an die entsprechende E-Mail-Adresse gehen. Neben den hauptamtlich Angestellten und den gewählten Verantwortlichen ist die Kontaktseite auch ein großartiger Ort, um ehrenamtliche Mitarbeitende zu würdigen und ihre Mitarbeit zu zeigen.

Neben Name, Bild und Kontaktmöglichkeit ist für viele Besucher:innen die (Selbst-)Vorstellung der Mitarbeitenden interessant. Wer sind sie? Was motiviert sie zur Mitarbeit in der Kirche? Was möchten sie anderen Menschen mitgeben oder ermöglichen? „Menschen folgen Menschen", heißt es auf Social Media. Das gilt auch auf der eigenen Webseite. Die Menschen, die sich in der Gemeinde treffen, machen die Gemeinschaft aus, die sich dort bilden kann – also dürfen sie auch ein bisschen bekannter sein. Bestenfalls besteht die Vorstellung von Mitarbeitenden nicht allein aus Text und Bild, sondern enthält auch kurze Videos, die aber hochwertig produziert werden sollten.

Außerdem sind die Service-Leistungen der Gemeinde interessant. Wie weiter oben bereits beschrieben, hat jeder Mensch, der auf die Seite kommt, ein eigenes Interesse, und darauf sollten sich möglichst viele Antworten auf der Webseite auch finden lassen.

Alle diese Inhalte müssen Menschen in der Gemeinde selbst zusammensuchen und formulieren. Es muss sich jemand bereit erklären, die entsprechenden Interviews zu führen und aufzuschreiben oder zu filmen, und die einzelnen Unterseiten müssen die Webmaster:innen oder zuständigen Öffentlichkeitsbeauftragten anlegen und füllen. Der Aufwand ist höher als bei anderen Inhalten, aber dafür müssen sie auch nur geändert werden, wenn Positionen wechseln. Vergessen Sie nicht, diese Informationen immer wirklich aktuell zu halten! Sonst gehen die Anrufe Ihrer Besucher:innen sonstwo in die weite Welt, aber nicht zu Ihnen, wo sie hingehören.

2) Aktuelle Termine und Veranstaltungen

Was findet als nächstes für wen statt? Die Information über alle öffentlichen Termine und Veranstaltungen muss tagesaktuell richtig sein, mit einem Ausblick mindestens über die nächsten vier bis sechs Wochen. Das muss aber niemand von Hand eintragen, denn die Anzeige dieser Informationen aus dem Gemeindekalender auf der Webseite lässt sich mit gängigen Software-Systemen und Arbeitsplattformen für Kirchengemeinden einfach automatisieren.

Trotz der umfassenden Automatisierungsmöglichkeiten stammen die eigentlichen Informationen natürlich schlussendlich von Menschen, die in Ihrer Kirchengemeinde Termine planen. Wer die öffentliche Veranstaltung in den Gemeindekalender einträgt, sollte gleich die wichtigen Informationen (wer, wann, was, für wen?) eintragen und bestenfalls ein passendes Bild mitliefern. Dann sind die Informationen auf der Webseite nämlich jederzeit aktuell und richtig.

3) Spirituelle Inhalte, die in der Gemeinde ihren Ursprung haben

Predigten und Andachten, die ohnehin geschrieben werden, dürfen natürlich auch ihren Weg ins Internet finden – mindestens als Text und Audio, für Social Media gerne auch als Video. In den allermeisten Kirchgemeinden werden jede Woche Inhalte produziert, die es nirgendwo anders gibt. Warum sollten sie einfach verpuffen, weil sie nur einmal gehört werden können? In der Annahme, dass die Pfarrer:innen, Prediger:innen, Prädikant:innen gute Inhalte produzieren, dürfen diese Inhalte auch noch mehr Menschen erreichen als jene, die bei der Sonntagsmesse, Mittwochsandacht oder bei der After-Work-Kirche dabei sind. Aufgeschrieben werden sie ja eh. Wenn das Manuskript ein kompletter Text ist, kann die Pfarrer:in oder Webmaster:in den Text als Eintrag in die entsprechende Kategorie auf der Webseite laden und dann – sofern vorhanden – das Video oder das Audio ebenfalls mit dazustellen. Zur Weiterverwendung als Podcast finden Sie mehr in Kapitel 5.

4) Konkrete Inhalte, Berichte und Themen aus der Gemeinde und drumherum

Eine ganz klassische Quelle von Inhalten für die Gemeindewebseite sind Berichte von Veranstaltungen und aktuelle Nachrichten über Entwicklungen und Planungen in der Kirchengemeinde – alles das, was üblicherweise im Gemeinde- beziehungsweise Pfarrbrief steht. Bei der Themensuche sollten die diakonischen Einrichtungen in der Umgebung der Gemeinde nicht vergessen werden. Wer Geschichten von, mit und über Menschen erzählen will, findet dort viele gute Beispiele.

Mit Blick auf die Webseite sollte jede Kirchengemeinde dabei *online first* denken. Die Texte sollten nicht zuerst im Gemeindebrief veröffentlicht und als große Sammlung alle 4 bis 12 Wochen plötzlich auf der Webseite auftauchen, sondern immer dann online gehen, wenn sie aktuell und fertig sind. Wenn es dann Zeit für den Pfarrbrief ist, nimmt das Redaktionsteam diese Inhalte und fügt sie passend in das gedruckte Heft ein. Wer sie dann schon gelesen hat, freut sich darüber, liest sie vielleicht noch einmal und hat im Normalfall sowieso nicht alles gelesen, was auf der Webseite steht und über den Newsletter verschickt wurde. Inhalte sind umso interessanter, je aktueller sie sind. Deshalb ist es sinnvoll, nicht auf den Veröffentlichungstag des Gemeindebriefs zu warten.

Oft bieten die Nachbargemeinden, der Kirchenkreis, das Dekanat, das Bistum oder die Landeskirche auf verschiedenen Wegen ebenfalls Inhalte an, die für die Veröffentlichung gedacht sind und möglichst weit verbreitet werden sollen. Grundsätzlich gilt hier: Besser verlinken als kopieren, aber auch diese Zulieferungen sind prinzipiell als Inhalt für die eigene Webseite geeignet. Mit einem ansprechenden Bild von einer der gängigen Plattformen[28] und einem kurzen Einführungstext, die den geneigten Leser:innen zeigen, worum es geht, werden diese Link-Hinweise auch attraktiv.

5) Glaubensgeschichten und Kircheninformationen

Wer war Jesus wirklich? Wie lauten die Zehn Gebote? Was ist das Vaterunser? Das sind alles Inhalte die *nicht* auf die eigene Kirchengemeindewebseite müssen. Um diese Informationsbedürfnisse zu erfüllen, sollten Gemeinden einfach auf die entsprechenden Angebote der Landeskirchen und Bistümer oder gleich der Evangelischen Kirche in Deutschland und der Deutschen Bischofskonferenz verlinken.

Interessant sind solche Inhalte für Gemeindeseiten nur, wenn die allgemeinen Informationen mit regional relevanten Zusatzinformationen verknüpft werden können. Zum Beispiel: Einmal im Jahr melden die großen Kirchen ihre Kirchenaustritts- und -eintrittszahlen. Warum nicht auch dazu eine Geschichte von und mit jemandem erzählen, der oder die in der eigenen Gemeinde getauft wurde? Oder die eigenen Erfahrungen aus den Gesprächen mit Menschen, die austreten wollten oder ausgetreten sind, mit der Gemeinde teilen?

Ähnlich lässt sich das Thema Kirchensteuer aufbereiten. Im Allgemeinen interessieren wir Menschen uns dafür, wofür wir unser Geld ausgeben. Es ist ja schließlich keine unendliche Ressource. Neben den allgemeinen Auflistungen, die von der EKD und der DBK erstellt werden (beide Kirchen haben Webseiten dafür[29]), kann jede Kirchgemeinde regelmäßig zeigen und erklären, wofür sie ihre Einnahmen aus Kirchensteuer und Spenden verwendet. Auch dahinter stecken viele Geschichten, die auf der eigenen Webseite erzählt werden können und Transparenz über das eigene Handeln schaffen.

---

28 Siehe Kapitel 3 – Fotos und Bilder.

29 EKD: https://www.kirchenfinanzen.de/; DBK: https://www.dbk.de/themen/kirche-und-geld (zuletzt abgerufen am 29.11.2023).

Glaubensgeschichten und spirituelle Erfahrungen sind immer dann spannend, wenn das Publikum dafür eine weitere emotionale Verbindung zu den Menschen hinter ihnen finden kann. Das ist immer dann der Fall, wenn das Gefühl aufkommt, das ist „eine von uns“ oder die ist „so wie ich“. Eine solche Verbindung kann entstehen, wenn es um Menschen aus der Nachbarschaft geht, um lokal oder regional bekannte Persönlichkeiten oder um Menschen aus der eigenen *peer group*. Deshalb ist Diversität auch in den Geschichten wichtig, die lokal erzählt werden. Frauen, Männer, Heteros, Schwule, Lesben, junge Menschen, alte Menschen, Menschen unterschiedlicher Herkunft und Hautfarbe, Menschen mit Behinderungen und gesundheitlichen Einschränkungen – alle dürfen und sollen zu Wort kommen, damit eine Kirchengemeinde für möglichst viele Menschen anschlussfähig bleibt.

Wie mache ich es mir einfacher?

Um nicht jeden einzelnen Inhalt immer neu erfinden zu müssen, empfiehlt es sich, in Serien zu denken und Oberthemen zu definieren, zu denen man mit verschiedenen Menschen Inhalte erstellen kann. Ein paar Ideen für solche Inhaltsserien:

- Kurze Gedanken zur Woche, die von der Pastorin jede Woche für die Webseite geschrieben und auch über Social Media, per Newsletter oder Messenger geteilt werden
- Interviews zur Frage „Wie lebst du deinen Glauben?“ mit verschiedenen Menschen
- Geschäftsinhaber vor Ort befragen, was die lokale Gemeinschaft für sie bedeutet
- verschiedene Ehepaare aus der Gemeinde von ihren Erfahrungen für gelingendes Zusammenleben erzählen lassen
- Leitungspersonen aus anders konfessionellen oder nicht-christlichen Gemeinden in der Nachbarschaft vorstellen und nach Gemeinsamkeiten und Unterschieden fragen

- Erkundungen der verschiedenen Kirchen der Gemeinde, die immer dem gleichen Muster folgen

Wie oft neue Inhalte auf der Webseite erscheinen sollen, hängt ganz stark von den Kapazitäten Ihrer Gemeinde ab. Die Termine müssen jederzeit aktuell und richtig sein, das ist unverzichtbar, aber eben auch automatisierbar. Die spirituellen Inhalte stehen in der Regel im Rhythmus der Gottesdienste, Messen und Andachten zur Verfügung. Alles andere kann in Abständen von mehrmals in der Woche bis zu einmal im Monat produziert werden.

Überfordern Sie sich nicht und planen Sie in Projekten und entlang der zur Verfügung stehenden Ressourcen! Ein regelmäßiger, verlässlicher Veröffentlichungs-Rhythmus ist wichtiger als die Menge an Inhalten: Lieber alle zwei Wochen einen passenden aktuellen Inhalt veröffentlichen und alle zwei Monate einen Newsletter mit diesen Inhalten und kommenden Terminen verschicken (Was war los? Was ist demnächst los?) anstatt Veröffentlichungszeitraum und -menge dem Zufall zu überlassen.

Was ist mit politischen Inhalten?

Keine Kirchengemeinde kommt daran vorbei, sich mit Gleichberechtigung, Klimakrise, Kapitalismuskritik, Krieg und Frieden, Rechtsradikalismus und Rassismus zu befassen. Es gibt aber viele Varianten, damit umzugehen.

Wenn eine Gemeinde Inhalte dazu auf der eigenen Webseite und in Social Media teilt, gibt sie sich ein deutlicheres inhaltliches Profil. Regelmäßige Kommentare dazu, wie die Gemeinde mit schwierigen gesellschaftlichen und politischen Fragen umgeht oder Informationen, wie sie in der Nachbarschaft behandelt werden, können die eigene Webseite interessanter machen und einen regelmäßigen Besuch fördern. Erfolgversprechend dabei ist, die regionale oder lokale Aufbereitung dieser Themen mitzudenken.

Wer hat ein Balkonkraftwerk in der Nachbarschaft und welche Erfahrungen können sie teilen? Führt jemand mit ungewöhnlicher Biografie einen Laden oder ein Café in der Umgebung? Gibt es lokale Solidaritätsinitiativen für die Opfer von Krieg und Gewalt (über die eigenen Friedensgebete hinaus)? Mit solchen Ansätzen lassen sich große Themen erfahrbar machen.

Gerade auf Social-Media-Plattformen können die Rückmeldung bei kontroversen Themen heftig werden. Darauf muss man sich einstellen und vorher überlegen, wie und wer damit umgehen kann. Sich auf eine Diskussion einzulassen, ist nur sinnvoll, wenn die Diskussionspartner:innen ein ehrliches Interesse an einem Austausch von Ideen und Argumenten zeigen. Das darf man Menschen in der Diskussion von vornherein auch klar sagen. Für den Umgang mit kontroversen Themen auf Social Media sollten sich die Verantwortlichen vorher überlegen, wie sie die verfügbaren Moderationswerkzeuge (blockieren, melden, stummschalten) nutzen möchte.

Eine Kommentarfunktionalität auf der eigenen Webseite muss ebenfalls gut und mindestens täglich moderiert werden. Der Mehrwert ist in der Praxis allerdings meist gering. Unsere grundsätzliche Empfehlung ist, diese Möglichkeit nicht zu aktivieren und stattdessen die direkten Rückmelde-Möglichkeiten per E-Mail oder Kontaktformular zu nutzen. Die Probleme mit Spam und Moderationspflichten wiegen für kleine Webseiten meist schwerer als der Nutzen der Kommentare, die dort eingehen.

Ihre Webseite können Sie mit Sachinformationen, die direkt aus der Gemeinde kommen, aktuelle Terminen und Veranstaltungen, spirituellen Inhalten, Andachten und Predigten, Berichten über ihre Veranstaltungen und Projekte, Porträts interessanter Personen und Glaubensgeschichten mit lokalem oder regionalem Bezug füllen. Verzichten Sie auf allgemeine Informationen, die es anderswo bereits gibt. Dorthin können Sie einfach verlinken.

Zugänglichkeit, Inklusion und Barrierearmut

Nicht alle Menschen, die Zugang zum Internet haben, sind mit den gleichen Wahrnehmungsmöglichkeiten ausgestattet. Deshalb sollten Webseiten, Apps und andere digitale Werkzeuge die Grundsätze von Zugänglichkeit und Barrierearmut berücksichtigen, um Menschen mit verschiedenen Einschränkungen zu inkludieren. Das dient auch dazu, ihnen Beteiligung an digitalen Prozessen zu ermöglichen.

Es geht dabei um unterschiedliche Einschränkungen:

- körperliche Einschränkungen beim Sehen und Hören, zum Beispiel Blindheit, Sehschwäche, Farbenblindheit, Schwerhörigkeit;
- körperliche Einschränkung bei der Beweglichkeit, die zum Beispiel die Verwendung einer Computermaus oder eines Trackpads auf einem Laptop erschweren;
- technische Einschränkungen, zum Beispiel veraltete Geräte, schwache Internetverbindungen oder geringes Datenvolumen;
- Einschränkungen in der Fähigkeit, zum Beispiel beim Leseverständnis, beim Sprachverstehen oder Technikverständnis.

Die Gesetzgeber haben für öffentliche Stellen entsprechende Vorgaben gemacht und sie unter anderem in der „EU-Richtlinie zur Barrierefreiheit von Websites und mobilen Anwendungen öffentlicher Stellen (Richtlinie 2016/2102)", im Behindertengleichstellungsgesetz (BGG) und in der „Barrierefreie-Informationstechnik-Verordnung (BITV 2.0)" verankert. Es geht immer darum, dass möglichst viele Menschen die Möglichkeiten der digitalen Werkzeuge tatsächlich nutzen können.

Um das in die Realität umzusetzen, können Sie als Webseitenbetreiber an zwei Hebeln ansetzen: Bei der Optik und dem Design und auf der technischen Seite. Als internationalen Standard gibt es dafür die „Web Content Accessibility Guidelines (WCAG)" des W3C.

Das W3C ist das „World Wide Web Consortium", in dem gemeinsam die technischen Standards für das WWW festgelegt werden, auch für den barrierefreien Zugang.

Um eine vollständige Barrierefreiheit oder eine möglichst hohe Barrierearmut zu erreichen, müssen Sie sich mit diesen Fragen befassen, gerade mit denen, die Sie über Design-Entscheidungen selbst lösen können. In diesem Kapitel können wir die Kernthemen von Zugänglichkeit und Barrierearmut allerdings nur anreißen. Wenn Sie das Thema für sich angehen möchten, holen Sie sich Unterstützung von Spezialisten auf dem Gebiet Barrierefreiheit, Zugänglichkeit und Inklusion dazu! Sprechen Sie außerdem Ihren Webseiten-Anbieter auf das Thema Barrierearmut an – die meisten Webseitenbaukästen stellen die technischen Grundlagen ohnehin bereit.

Im Rahmen ihrer „Web Accessibility Initiative" listet das W3C die Bereiche auf, die beachtet werden sollten, wenn man Webseiten und digitale Werkzeuge barrierearm gestalten will.[30] Diese Prinzipien können Sie als Ihre Ausgangspunkte für die Umsetzung nutzen. Wir haben sie hier zusammengefasst:

Bedienoberfläche und Darstellung von Informationen

Stellen Sie Alternativ-Texte für Bilder und Videos bereit, damit Menschen mit schlechter Sicht oder ohne Sehvermögen diese Inhalte auch wahrnehmen können. Das gilt ebenso für Knöpfe und Schaltflächen, die nicht nur eine Grafik sein sollten, sondern auch Alt-Texte brauchen.

Menschen mit eingeschränkten Sehvermögen nutzen oft so genannte „Screen Reader", um ihr elektronisches Gerät zu nutzen. Das sind Programme, die vorlesen, was auf dem Bildschirm steht oder zu sehen wäre. Dafür muss aber maschinenlesbarer Text vorhan-

30 https://www.w3.org/WAI/fundamentals/accessibility-principles/ (zuletzt abgerufen am 29.11.2023).

den sein, auch an Bildern und Schaltflächen. Für Videos und Audios sind bestenfalls Untertitel und ganze Transkripte hinterlegt. Auch die korrekte HTML-Auszeichnung von Elementen wie Überschriften, Tabellen und Formularfeldern macht hierfür einen Unterschied. Dafür gibt es die sogenannten „ARIA"-Kennzeichnungen. Das steht für „Accessible Rich Internet Applications" und ist ein Standard, um alle Elemente auf einer Webseite für die Nutzung durch Assistenzsysteme zu erschließen.

Bei der Präsentation sollten Farben und Kontraste barrierearm gewählt werden. Das bedeutet vor allem, dass Farben deutlich unterscheidbar sein müssen und insbesondere Rot-Grün-Schwäche als eine der häufigsten Sehschwächen beachtet werden sollte. Beispielsweise ist eine dunkelgraue Schrift auf einem hellgrauen Hintergrund für viele Menschen nicht gut lesbar, während die klassische schwarze Schrift auf weißem Hintergrund besser lesbar ist. Eine zusätzlich einschaltbare Darstellung mit sehr hohen Kontrasten ist eine sinnvolle Ergänzung.

Audios und Videos brauchen Start / Stop / Pause-Möglichkeiten sowie eine Lautstärke-Regelung und sollten nicht von alleine losgehen, vor allem nicht auf hoher Lautstärke. Text sollte sauber vergrößerbar sein. Das können Sie bei Webseiten einfach selbst testen: Schauen Sie sich im Browser die Internetseite auf 400% Größe an. Kann man den Text noch lesen, oder wird er abgeschnitten?

Technische Bedienung und Navigation

Alle Elemente einer Webseite sollten nicht nur per Mauszeiger, sondern auch über die Computertastatur und per Touchscreen auf Tablets und Smartphones zugänglich sein. Außerdem sollte jede Person so viel Zeit haben, wie sie möchte, um Inhalte zu lesen. Das bedeutet, dass nichts automatisch weiterscrollen und Elemente nicht nervig blinken oder schnell hin- und herwechseln sollten. Außerdem können solche Elemente bei manchen Menschen zu epileptischen Anfällen führen. Das zu vermeiden gehört ebenfalls zur Barrierearmut.

Wenn aus technischen Gründen eine Sitzung ablaufen muss, beispielsweise bei Bestellformularen, sollte der Wiederaufruf der Seite nicht zum Verlust der eingegebenen Daten führen.

Die Navigation auf der Webseite selbst soll klar und deutlich sein, sodass Menschen immer wissen können, wo sie gerade sind. Mehrere Varianten der Navigation können dabei hilfreich sein (zum Beispiel im Menü, im Footer unten auf der Seite und als „Breadcrumb"-Reihe direkt am Inhalt). Links sollten schon im Namen klar benennen, wo sie hinführen.

Information verständlich und vorhersehbar präsentieren

Neben der optischen Darstellung und der korrekten technischen Auszeichnung sollten Inhalte, besonders Text, grundsätzlich auch verständlich sein. Nicht jeder Webseitenbetreiber möchte seine Inhalte in *leichter Sprache* anbieten, um Inhalte nicht doppelt anbieten zu müssen. Mindestens aber sollten die Texte verständlich und nicht zu komplex sein. Die Angabe der Sprache, in der Inhalte verfasst sind, ist ebenfalls hilfreich für technische Assistenzsysteme wie die bereits erwähnten Screenreader, damit sie die Wörter richtig vorlesen.

Abkürzungen, Fachwörter und erklärungsbedürftige Begriffe sollten auch erklärt werden, entweder direkt im Text oder mithilfe einer anderen Lösung, zum Beispiel einem Link.

Die Navigation und andere wiederkehrende Elemente sollten im ganzen Online-Angebot am gleichen Ort sein. Das klingt erstmal banal, aber stellen Sie sich mal eine Webseite vor, auf der das Logo, die Navigationsleiste, die Fußzeile und der Textblock mit jedem Klick an eine andere Stelle springen!

Auch die Hilfe-Möglichkeiten und Fehlerbeschreibungen sollten klar sein. Wenn etwas schiefläuft, wollen Sie schließlich Benutzer:innen nicht mit der möglichen Verwirrung allein lassen.

Robuste und zukunftskompatible Inhalte

Alle Inhalte sollten mit so vielen Geräten und Technologien funktionieren wie möglich. Das passiert in der Regel schon automatisch, wenn Sie einen gängigen Webseiten-Baukasten verwenden. Schwierig wird es bei eigenen Ergänzungen, zusätzlichen Skripten und ähnlichen Anbauten. Für die sollte mindestens im Code eindeutig beschrieben sein, was sie eigentlich tun (sollen), damit Menschen in der Zukunft nachlesen können, was dort eigentlich passieren müsste, wenn nach einem Update irgendetwas nicht mehr funktioniert.

Wie gesagt – diese vier Bereiche sind nur Ausgangspunkte Ihrer eigenen Beschäftigung mit dem Thema Barrierearmut, Zugänglichkeit und Inklusion im Digitalen. Wie Digitaltechnik barrierearm werden kann, wird in Fachliteratur ausführlich beschrieben. Ziehen Sie, wenn möglich Expert:innen hinzu. Barrierearmut ist eine Herausforderung für die ganze Kirche, mit der sich viele Menschen an vielen Orten beschäftigen. Nutzen Sie diese Ressourcen! Barrierefreiheit und Inklusion sind mehr als Rampen für Rollstuhlfahrer:innen.[31]

Barrierefreiheit ist ein Thema, das auch digital umgesetzt werden muss. Gerade für Webseiten und Apps gibt es Standards, an denen Sie sich orientieren können. Wenn Sie das Thema richtig angehen wollen, holen Sie sich Experten-Hilfe dazu und nehmen Sie deren Hinweise ernst. Denken Sie daran: Barrierearme digitale Werkzeuge und Angebote sind nicht nur für Menschen mit Einschränkungen überhaupt nutzbar, sondern für alle Nutzer:innen. Eine inklusive Kirche ist eine Kirche, in der alle Menschen besser leben können.

31 Wer dazu mehr lesen möchte, dem sei das folgende Buch empfohlen: Julia Schönbeck: Nicht ohne uns, Patmos 2023.

Fotos und Bilder

Eine Webseite ohne Fotos und Bilder zu gestalten ist zwar möglich, aber langweilig. Bilder illustrieren auf einen Blick, worum es geht, zeigen Menschen und Orte, von denen erzählt wird, oder sprechen die Emotion an, die zum Inhalt passt. Außerdem sind Kirchen selbst ganz oft wunderbare Fotomotive, die es wert sind, gezeigt zu werden. Das geht von der Gesamtansicht des Gebäudes über seine Architekturdetails bis hin zu Kirchenfenstern und Kunstschätzen, die in den Kirchen ihre Heimat haben.

Wie kommen Sie an Bilder, die sich zur Illustration von Inhalten auf der Gemeindewebseite, im Newsletter, im Gemeindebrief oder auf Social Media eignen?

Es gibt mehrere Online-Quellen, auf denen Sie Bilder zur Weiternutzung und Veröffentlichung herunterladen können. Sie dürfen *nicht* einfach jedes Bild, das Sie ergooglen, herunterladen und in den Gemeindebrief drucken, auf Facebook hochladen oder auf der Gemeindewebseite verwenden. Stattdessen nutzen Sie einen der Dienste, die Bilder anbieten, deren Verwendung in anderen Medien über Lizenzvereinbarungen geklärt und erlaubt ist.

Auf kostenlosen Bilddatenbanken wie Pixabay, Unsplash oder Pexels laden Fotograf:innen ihre Werke hoch und stellen sie in der Regel mit einer klar definierten Lizenz zur Verfügung. Auf diesen Plattformen sind die Bilder kostenlos, dürfen aber nicht weiterverkauft werden. Wenn Sie diese Plattformen nutzen, müssen Sie sich einmal mit den Lizenzbedingungen beschäftigen und nachschauen, ob das, was Sie mit den Fotos machen möchten, auch erlaubt ist. Auch wenn die Nennung von Urhebern nicht immer vorgeschrieben ist, ist es doch guter Stil, die Namen der Fotograf:innen immer zu nennen. Die Bilder auf diesen Plattformen sind zahlreich, aber oft generisch. Um hier passende Fotos zu finden, ist Kreativität bei der Suche gefragt. Da die meisten Fotograf:innen dort nicht aus Deutschland kommen, gibt eine Suche auf Deutsch meist weniger her, als die gleichen Begriffe auf Englisch einzugeben.

Im kirchlichen Bereich gibt es eigene Bilddienste, die deutlich besser zu den Bildanforderungen passen, die aus Kirchengemeinden und kirchlichen Medien kommen. Deren Inhalte sind entweder kostenlos, als Abonnement verfügbar oder können einzeln erworben werden.

Der katholische Pfarrbriefservice bietet seine Texte und Bilder kostenlos an, ebenso wie die Bilddatenbank Fundus,[32] die von 15 evangelischen Landeskirchen (Stand: Oktober 2023) gemeinsam betrieben wird. Fundus kann allerdings nur von Menschen genutzt werden, die zu einer der teilnehmenden Landeskirche gehören und über diese freigeschaltet werden. Analog zum Pfarrbriefservice gibt es das evangelische Angebot „Der Gemeindebrief", zu dem auch eine umfangreiche Bilddatenbank gehört. Zur Nutzung muss eine Gemeinde ein entsprechendes Abo abschließen, das für eine geringe Jahresgebühr den Zugang zu den Bildern und Texten freischaltet.

Darüber hinaus haben die beiden kirchlichen Nachrichtenagenturen Evangelischer Pressedienst (epd) und Katholische Nachrichtenagentur (KNA) eigene Bilderdienste namens epd-Bild und KNA-Bild. Hier finden sich auch die Fotos der angestellten Fotograf:innen von aktuellen kirchlichen Ereignissen und damit die größte Aktualität. Wer solche Fotos braucht, muss sie dort einkaufen.

Für Standard-Bilder aus der eigenen Kirche, die man immer wieder brauchen kann, können Sie eine Fotograf:in beauftragen, diese Bilder für Sie und mit Ihnen zu machen. Machen Sie gemeinsam mit der Fotograf:in, den Öffentlichkeitsbeauftragten, Gemeindebriefmacher:innen und den Webmastern einen Plan, welche Motive Sie gerne hätten, und klären Sie die Bildrechte mit allen Beteiligten. Daraus können Sie dann einen gemeinsamen Fototag machen und sämtliche Situationen, die Sie oft bebildern möchten, in einem großen Fotoshooting mit der Gemeinde abbilden.

Um gute Fotos von der Kirche, Gebäuden und Dingen zu bekommen, können Sie auch einen Fotowettbewerb in der Gemeinde aus-

32 www.fundus-medien.de (zuletzt abgerufen am 29.11.2023).

richten und die Hobby-Fotograf:innen, die es bei Ihnen sicher auch gibt, damit aktivieren. Klären Sie vorher, welche Veröffentlichungsrechte die Fotograf:innen mit der Einreichung an die Gemeinde abtreten, und loben Sie einen attraktiven Preis aus.

Was Lizenzen und Verwertungsrechte betrifft, ist *Creative Commons* ein sehr hilfreiches Werkzeug.[33] Die so genannten „CC-Lizenzen" sind vorgefertigte Lizenzvereinbarungen, die regeln, was mit Bildern auch bei der kostenlosen Nutzung passieren darf. Abmahnungen wegen unrechtmäßiger Verwendung von Fotos können teuer werden, deswegen sollten Sie dort von vornherein sorgfältig arbeiten.

Bilder und Fotos bekommen Sie aus kostenlosen allgemeinen Bilddatenbanken oder kostenlosen oder kostenpflichtigen kirchenspezifischen Angeboten. Beachten Sie die Verwertungsrechte und Lizenzen, für die die Bilder freigegeben sind, und halten Sie sich daran. Aktivieren Sie Fotograf:innen in Ihrer Gemeinde und beauftragen Sie Profis, um passende Bilder aus der eigenen Gemeinde zu bekommen, die Sie verwenden dürfen.

33 https://creativecommons.org (zuletzt abgerufen am 29. 11. 2023).

Kapitel 4:

Kirchengemeinde und Social Media

Das Social Web

„Sind Sie auch auf Social Media *präsent*?" Diese Frage hat sich unter Kirchenleuten in den vergangen zwanzig Jahren eingebürgert. Mit dem neuen Jahrtausend begann auch der Siegeszug der großen Social-Media-Plattformen, wie sie noch heute unser Bild vom Web prägen. Bei Facebook, Instagram, Twitter und Co. handelt es sich um *walled gardens* oder *closed shops*, in sich geschlossene Umgebungen, die man nicht verlassen muss – und soll.

Angesichts dieser Plattformen stellt sich für viele Menschen die Frage gar nicht mehr, was Social Media eigentlich ist. Social Media ist, was vorfindlich ist: Apps und Webseiten, in die man sich mit einem Passwort einloggt, die ihren Nutzer:innen einen *Feed* präsentieren, in dem Posts von Freunden, Bekannten, Nachrichten und Werbung sich abwechseln (chronologisch sortiert oder algorithmisch ausgewählt), und die weitere Features wie Direktnachrichten, Online-Shopping, Terminkalender, Online-Games etc. unter ihrem Dach anbieten. Das Social Web, Social Media, die Sozialen Netzwerke sind im alltäglichen Sprachgebrauch für uns zu Synonymen für die großen Plattformen geworden. Was für ein Verlust!

Jede Geschichte des Social Webs allerdings beginnt viel früher: Bei den ersten E-Mails und universitären Nachrichtengruppen der frühesten Tage des Internets und beim Usenet der 1980er Jahre. In den 1990er Jahren, während der auch in Deutschland der Online-Boom einsetzte, fanden Online-Foren zu allen möglichen Themen Verbreitung. Es bildeten sich lokale Plattformen, Social-Media-Plattformen für junge Menschen, Raver, Eltern und andere Interessengruppen, die neben der klassischen Foren-Struktur auch Chats, Kleinanzeigen und weitere Features anboten.

Internet Relay Chat (IRC) mit seinen zahlreichen Clients (Benutzeroberflächen) eroberte die private Kommunikation in der ersten Hälfte der 2000er Jahre. Jugendliche rufen sich nicht mehr mit den Kabeltelefonen ihrer Eltern an, wenn sie nicht sowieso irgendwo draußen oder im Jugendclub herumhängen, sondern stehen mittels ihrer Handys, SMS und Trillian-Chats im permanenten Kontakt. Auf Blogs und ihren Kommentarspalten werden Nischenthemen, Kunst, Musik, Theater, Literatur und gesellschaftspolitische Themen diskutiert. Es gibt – auch im deutschsprachigen Raum – plötzlich eine Konkurrenz zur monolithischen Tageszeitung, an die man Fragen höchstens in einem Leserbrief schicken kann. Die Medienhäuser reagieren auf den Web 2.0-Trend, indem sie ihre digitalen Repräsentanzen mit Foren, Kommentarfunktionen und eigenen Blogs ausstatten. Das verändert bis heute nachhaltig Inhalt, Form und Sprache der Nachrichtenproduktion im Netz, auch wenn viele Medien ihre Kommentarfunktionen nach Jahren missliebiger Erfahrungen inzwischen stark einschränken.

Und dann kam Facebook – und ruinierte alles. So jedenfalls kann man die Geschichte des Social Web erzählen. So wird sie häufig erzählt. Alles beginnt wie im Märchen und endet in der Katastrophe. Wir Autoren schauen nicht ganz so pessimistisch auf die Gegenwart und Zukunft des Netzes.

Auch vor Facebook war das Netz kein Ponyhof, sondern ein Marktplatz. Vor Twitter und Instagram gab es SchülerVZ und StudiVZ, die auch nicht ohne waren, wenn es um den Jugendschutz ging. Vor TikTok und YouTube gab es Online-Foren, in denen ohne realistische Möglichkeit strafrechtlicher Verfolgung Kinderpornographie und gewaltverherrlichendes Material getauscht wurde. Vor Telegram, WhatsApp und Co. gab es die dunklen Ecken des Usenets und so manchen verschwörungstheoretischen Blogger mit einer sehr, sehr großen Leser:innenschaft (auch in Deutschland, nicht nur in den USA). In der Tat möchten wir dringend davor warnen, das Social Web der 1990er und 2000er Jahre zu glorifizieren. Seien Sie auch skeptisch, wenn Ihnen jemand etwas als brandneu und nie dagewesen anpreist. Zumeist gibt es auch digital Vorläufer und Vorbilder. Das Prediger-Buch hat Recht: „Es geschieht nichts Neues unter der Sonne.“ (Prediger 1,9)

Für unsere Zwecke, nämlich die Digitalisierung einer Kirchengemeinde, sollten wir aber in Erinnerung behalten: Das Social Web und die Idee des Web 2.0 sind älter als die großen Plattformen, die gegenwärtig unsere Internet-Nutzung bestimmen. Sie sind gekommen, sie werden wieder gehen. Alles hat seine Zeit. Die Grundidee des Social Web, sich über Zeit und Raum mit Menschen in Verbindung zu setzen, wird erhalten bleiben und immer wieder neue Formen annehmen. Diese Veränderungen sind nicht immer zum Guten, aber sie sind auch nicht gleichbedeutend mit der Vertreibung aus dem Paradies: Prüfet alles, das Gute behaltet! (1. Thessalonicher 5,21)

Social Media erschöpft sich nicht in den großen kommerziellen Mehrzweck-Plattformen wie Facebook, Instagram und Twitter / X. Es gibt neben ihnen weiterhin thematische Foren und Communities, Messenger-Gruppen, die Blogosphäre, lokale und regionale Plattformen. Dort wird man nie viral gehen, aber kann Kontakt zu Gleichgesinnten und den Menschen in der Umgebung halten.

Suchen Sie sich die Plattform danach aus, was Sie bezwecken wollen. Social Media ist vielfältig, auch wenn die großen Plattformen uns gern glauben machen wollen, dass Online-Leben außerhalb ihrer selbst nicht möglich ist.

Die Plattformbetreiber verwenden viel Kraft und Kreativität darauf, uns Nutzer:innen möglichst lange auf ihren Plattformen zu halten und uns eine positive Nutzungserfahrung zu bieten. Alle großen Plattformen finanzieren sich durch Werbeeinnahmen und die Werbetreibenden zahlen dafür, dass Nutzer:innen ihre Anzeigen häufig und gut platziert wahrnehmen. Die eigentlichen Kunden dieser Plattformen sind die Werbetreibenden, nicht die Nutzer:innen.

Für die Plattformbetreiber ergibt sich daher die Notwendigkeit, die Plattform so zu gestalten, dass möglichst viele Menschen sie möglichst lange und intensiv nutzen. Dabei steht nicht der Gewinn der einzelnen Nutzer:in, sondern derjenige der werbenden Unternehmen im Fokus. Gleichwohl gibt es auch ein Zuviel des Guten für die Werbetreibenden: Die Werbung muss sich möglichst unauffällig und ganz im Stil der Plattformkonventionen einfügen (*native advertising*). Attraktiver als Text-, Bild-, Ton- oder Videoanzeigen, die klar als Werbung zu identifizieren sind, sind darum das *Influencing* und die algorithmische Verstärkung werblicher Kommunikation.

Von Influencer:innen – auch von christlichen Sinnfluencer:innen – profitieren zunächst einmal die Plattformen, vor allem Instagram, TikTok und YouTube. Denn jede Minute, die Fans und Follower:innen bei ihren Social-Media-Idolen verbringen, kann vermarktet werden. Mit der *Influencer-Economy* (auch *Creator-Economy*) ist gemeint: Viele tausende Medienschaffende erstellen zunächst ohne Bezahlung oder Kompensation ihres Aufwands Inhalte (*Content*), mit denen sie eine Community auf den großen Plattformen an sich binden wollen, um mit ihrer Reichweite durch Beteiligung an den Werbeeinnahmen der Plattform selbst (X, YouTube) oder durch *native advertising* und Sponsoring (Instagram, YouTube, TikTok) Geld zu verdienen. Die Follower:innen sind Mittel zum Zweck für die Content-Creator:innen / Influencer:innen, die wiederum Instrumente der Plattformbetreiber sind, um die Nutzungsdauer der einfachen Plattform-Nutzer:innen zu erhöhen. Lange vor dem Hype um *die* KI („Künstliche Intelligenz"), gab es bereits *den* KI, den Kategorischen Imperativ. Eine Formel des Kategorischen Imperativs von Immanuel Kant lautet: „Handle so, dass du die Menschheit sowohl in deiner Person, als in der Person eines jeden anderen jederzeit zugleich als Zweck, niemals bloß als Mittel brauchst." Wir müssen die wechselseitigen Verzweckungen von Menschen auf den Social-Media-Plattformen reflektieren und ihnen kritisch begegnen. Es greift zu kurz, wenn wir uns damit begnügen, dass die Plattform-Nutzer:innen sich ja immerhin gut unterhalten fühlen.

Neben den großen Plattformen gehören zu Social Media im engeren Sinne weiterhin auch Blogs, Online-Foren sowie Video- und Audioplattformen. Die Grenzen zwischen den einzelnen Genres haben sich in den vergangenen zehn Jahren zunehmend aufgelöst: Dort wo den Nutzer:innen Content – also Inhalte in Form von Videos, Podcasts, Musik oder Texten – angeboten wird, gibt es auch Funktionen, die eine Reaktion der Nutzer:innen auf die Inhalte ermöglichen. Die Likes, Shares und Kommentare, mit denen Nutzer:innen auf die ihnen gebotenen Inhalte reagieren, haben dabei eine doppelte Funktion: Sie dokumentieren das *user engagement* (die Beteiligung der Zuschauer:innen) und sie leiten das Nutzungsverhalten, denn die Programmierung der Plattformen sorgt dafür, dass die dokumentierten Interessen der Nutzer:innen für die Steuerung der Inhalte genutzt wird, die ihnen als nächstes angezeigt werden. Bevor wir uns fragen, *was* auf Social-Media-Plattformen funktioniert, müssen wir zunächst verstehen, wie sie funktionieren.

Social graph und interest graph

Noch vor wenigen Jahren haben Internet-Enthusiasten von *Prosumenten* (*prosumer*) geschwärmt: Mediennutzer:innen, die zugleich Konsument:innen und Produzent:innen sind. Das Web 2.0 als Idee setzt Nutzer:innen voraus, die eine aktive Rolle als Mitgestalter:innen der zirkulierenden Inhalte übernehmen. Wichtigstes Werkzeug und Schauplatz dieser „klassischen" Sozialen Netzwerke ist der *social graph*, d. h. die Beziehungen der Accounts untereinander. Der Begriff *social graph* war schon in den 1980er-Jahren in Benutzung, wurde aber vor allem durch den Facebook-Feed popularisiert, der viele Jahre auf dem Prinzip beruhte, Inhalte nach Maßgabe des social graph auszuwählen und anzuzeigen.

Für die Auswahl von Inhalten nach den Beziehungen, die Accounts online zueinander pflegen, ist es egal, ob es sich bei den Nutzer:innen-Konten um Personen, Organisationen oder Unternehmen handelt. Sobald Accounts untereinander vernetzt sind, entsteht ein social graph. Das gilt für RSS-Feeds von Blogs und Blogrolls ebenso wie für die (chronologischen) Feeds auf Mastodon, Instagram und Bluesky. Die Nutzer:innen entscheiden durch bewusste Aktionen – zum Beispiel eine Freundschaftsanfrage oder einen Follow – wem sie *folgen* und wessen Inhalte sie konsumieren wollen („in die Timeline holen").

Durch ihre Entscheidungen setzen sich die Nutzer:innen selbst in ein Verhältnis zu anderen Accounts. Gemeinsame Interessen oder die bereits bestehende analoge Bekanntschaft (vor allem auf Facebook) stehen zwar häufig am Anfang, bilden aber keineswegs das einzige Kriterium dafür, einen Kanal in das eigene Netz zu holen. Dass man mit der Zeit auch Inhalte mitbekommt, die auch jenseits des eigenen (bisherigen) Interesses liegen, macht den *social graph* so nachhaltig lohnend für die Nutzer:innen – und unberechenbar.

Für Content-Produzent:innen, allzumal wenn sie im Auftrag einer Organisation oder eines Unternehmens kommunizieren, stellt der *social graph* deshalb eine große Herausforderung dar. Er verlangt zwingend die Interaktion mit Follower:innen, so dass „klassische" Social-Media-Arbeit nicht allein aus der Content-Produktion besteht, sondern vor allem aus Community-Management. Ziemlich viel Aufwand, um Werbebotschaften an die Konsument:in zu bringen. Weil (vor allem) die Unternehmen innerhalb der Nutzer:innenschaft für die Plattformen als potentielle Werbekunden von Bedeutung sind, stellen die Plattformen ihnen Werkzeuge zur Verfügung, um den Weg zu ihren Zielgruppen auf den Plattformen abzukürzen (zum Beispiel *targeted advertising*).

Ihre Zuspitzung und zugleich absolut zweckmäßige Umsetzung erfährt diese Strategie in der Ergänzung des *social graph* durch einen algorithmisch erzeugten *interest graph*. Damit ist die Zusammenstellung der Inhalte für Plattform-Nutzer:innen anhand ihrer Interessen und Neigungen gemeint, die wiederum an ihrem eigenen Nutzungsverhalten auf der Plattform abgelesen werden. Diese Arbeit wird nicht händisch erledigt, sondern von programmiertem Code, den ominösen *Algorithmen*. Wir wissen, dass wir Algorithmen brauchen, um in den Informationsströmen des Netzes überhaupt Orientierung zu gewinnen.[34] Ohne Algorithmen kein benutzbares Netz. Aber wie bei jeder Droge kommt es auch bei ihnen auf die Dosierung an.

Der Star unter den Social-Media-Plattformen ist derzeit TikTok, dessen Algorithmus als besonders treffend beschrieben wird. Er gibt Änderungen des individuellen Nutzungsverhaltens außergewöhnlich sensibel wieder. Alle großen Social-Media-Plattformen arbeiten aktuell an einer stärkeren Integration eines TikTok-artigen *interest graph*. Das Prosumenten-Versprechen des Web 2.0 ist damit weitgehend verabschiedet. Diese neue Art von Social-Media-Plattformen sollte man besser als Entertainment-Plattformen bezeichnen.

Die Frage, wer den Abschied vom *social graph* vor allem befördert hat, stellt dabei ein Henne-Ei-Problem dar: Denn auch in weitgehend ohne Algorithmen zusammengestellten *social graph*-Netzwerken beteiligte sich nur ein Bruchteil der Nutzer:innen aktiv an der Content-Produktion. Das sogenannte *Lurken* (vulg. Herumhängen ohne aktive Beteiligung am Gespräch) hat inzwischen Meme-Qualität. Insbesondere Bild- und Videoplattformen wie YouTube und Instagram sind seit jeher Konsument:innen-Plattformen, auf denen Interaktionsmöglichkeiten im Sinne des Social Web nur rudimentär

34 Siehe Kapitel 1 – „Kultur der Digitalität" (Felix Stalder).

ausgebaut sind. Im Zentrum steht hier die Inhaltesteuerung durch *Likes*, die durch im Hintergrund erhobene Marker, wie zum Beispiel die Verweildauer, ergänzt wird. Das zählbare *user engagement* in diesen Apps verdankt sich nicht allein der Qualität der Inhalte, sondern dem Plattformdesign. Überspitzt gesagt: Der Mensch ist dort vermutlich kein Prosument und wir bekommen die Plattformen, die wir – mindestens unterbewusst – wollen, um uns gut unterhalten zu lassen.

Gefahren und Regulierung

Die Gefahren algorithmisch zusammengestellter *interest graphs* wurden inzwischen vielfach beschrieben. Denis Groß hat sie am Beispiel TikTok anhand neuerer Forschungen nachgezeichnet: „Die Gefahr, in ein sogenanntes „rabbit hole“ (dt. „Kaninchenbau“) zu geraten, also nur noch Inhalt aus gewissen Themenbereichen angezeigt zu bekommen, ist dabei extrem hoch. […] Durch die Filterblase nehmen Nutzer:innen diesen Ausschnitt als vermeintliche Wahrheit oder Normalität wahr, da sie kaum mehr Inhalte angezeigt bekommen, die nicht in ihr Weltbild passen.“[35]

Nicht jede:r Nutzer:in, die einmal ins *rabbit hole* von Kurzvideo-Feeds abgetaucht ist, wird sich politisch radikalisieren, aber damit ist eine Gefahr insbesondere für unbedarfte, jugendliche und anderweitig *vulnerable* Nutzer:innengruppen beschrieben. Das erhebliche Suchtpotential der Kurzvideo-Feeds von TikTok, Instagram und YouTube spüren auch Gelegenheitsnutzer:innen am eigenen Leib. Insbesondere bei Jugendlichen hat eine intensive Nutzung dieser Angebote negative Auswirkungen auf die Gesundheit und das seelische Wohlbefinden. Auch wenn die These von den sogenannten Filterblasen oder „Bubbles“, die das gesellschaftliche Klima

---

35 Denis Groß: Tiktok als Radikalisierungsmotor, Belltowernews 07/2023, https://www.belltower.news/algorithmus-tiktok-als-radikalisierungsmotor-151187 (zuletzt abgerufen am 29.11.2023).

negativ beeinflussen sollen, bis heute nicht wissenschaftlich bestätigt werden konnte, ist doch klar: Harmlos sind die neuen Entertainment-Plattformen keineswegs. Es gibt definitiv ein Zuviel des Guten – auch der Unterhaltung – und Fragen nach dem richtigen Maßhalten und einer gesunden Mediennutzung sind nicht allein zwischen Eltern und Kindern immer wieder ein Streitthema.

Social Media als Gefahr für Demokratie und Gesundheit der Bevölkerung hat insbesondere in Europa und den USA die Gesetzgeber:innen auf den Plan gerufen. Seit Ende August 2023 gilt die erste Stufe des Digitale-Dienste-Gesetzes der Europäischen Union, das zunächst die großen Social-Media-Plattformen zu mehr Transparenz und Sicherheit verpflichtet. Demnach müssen unter anderem die zum Meta-Konzern zugehörigen Plattformen Facebook und Instagram sowie die Google-Dienste, TikTok und X einen *Opt-Out* aus der algorithmischen Zusammenstellung ihrer Angebote zwingend anbieten. Außerdem haben die Nutzer:innen in der EU ein „Recht auf Moderation" und die Plattformen müssen stärker gegen systemische Risiken vorgehen. Dennoch sind die Nutzer:innen gut beraten, sich beim Schutz vor Missbrauch, Radikalisierung und Plattformmacht nicht allein auf die Gesetzgeber:innen zu verlassen. Es kommt auch auf das Verhalten mündiger Nutzer:innen an, soll den negativen Folgen des Lebens in der Digitalität gewehrt werden. Kinder und andere schutzbedürftige Gruppen müssen von anderen Nutzer:innen aktiv in Schutz genommen werden.

Für christliche Akteur:innen und die Kirchen stellt sich auch 2024 die große Frage, wie sie sich als Teil der europäischen digitalen Zivilgesellschaft positionieren. Es ist nicht damit getan, den Kirchenlobbyist:innen in Berlin und Brüssel mit auf den Weg zu geben, sich bei Parlamenten und Regierungen für eine menschenwürdige Digitalisierung einzusetzen. Das konkrete Handeln von Kirchengemeinden, kirchlichen Organisationen und Christ:innen auf den Social-Media-Plattformen muss mit den hehren Forderungen nach informationeller Selbstbestimmung und einer sicheren Plattformgestaltung in Einklang gebracht werden.

„Wir müssen dahin, wo die Leute sind", war jahrelang das vorherrschende Mantra von #digitaleKirche-Akteur:innen, wenn es darum ging, in den Kirchen für ein stärkeres kirchliches Engagement auf Social-Media-Plattformen zu werben. Auch wenn es richtig bleibt, dass sich die Kirche und ihre Haupt- und Ehrenamtlichen nicht in ihre eigene Welt zurückziehen, sondern öffentlich wahrnehmbar digital kommunizieren sollten, wird doch auch deutlich: Diese Anstrengungen bedürfen der fortlaufenden kritischen Überprüfung, an deren Ende auch die Erkenntnis stehen kann und darf, dass eine digitale Plattform zu *toxisch* geworden ist, als dass man auf ihr noch sinnvoll das Evangelium kommunizieren könnte.

Wer sind wir – und wenn ja, wie viele?

Noch wichtiger als die Frage danach, welche Social-Media-Plattform für Ihre Gemeinde wohl die richtige ist, ist die Verständigung darüber, wer digital in welcher Form für die Kirchengemeinde kommunizieren soll. Vom Ergebnis dieser Überlegungen ist in erheblichem Maße abhängig, welche Plattform(en) überhaupt für Ihre Zwecke geeignet sind.

Die grundlegendste Frage ist: Wollen Sie als Person(en) aktiv für ihre Kirchengemeinde auf Social-Media-Plattformen unterwegs sein oder soll es lieber einen Kirchengemeinde-Account geben? Beide Varianten haben sowohl Vor- als auch Nachteile und funktionieren auch auf verschiedenen Plattformen unterschiedlich gut (s. Tabelle am Ende des Abschnitts).

Der Kirchengemeinde-Account

Für einen *Kirchengemeinde-Account* zum Beispiel auf Facebook, auf einem Online-Nachbarschaftsportal oder bei YouTube spricht, dass sich mehrere Personen, Haupt- und Ehrenamtliche, in die Pflege des Accounts sichtbar einbringen können. Sogenannte *Handover* alle 7 oder 14 Tage können auch für die Follower:innen sichtbar inszeniert werden („Hallo, ich bin Meike, und diese Woche bin ich Eure Ansprechpartnerin ...“). Die Meldungen und Inhalte von der Gemeindewebseite können hier – automatisiert oder händisch – ausgespielt werden. Verschiedene Inhalte finden ein gemeinsames Dach.

Eine Gemeinde hat im Kirchengemeinde-Account einen zentralen Ort auf der Social-Media-Plattform, an dem sich Interessierte und Follower:innen über das gesamte Gemeindeleben informieren können. Der Account kann als Teil der Medien- und Öffentlichkeitsarbeit aus dem Gemeindebüro heraus gepflegt werden, hinter den Kontaktmöglichkeiten des Profils (mindestens Telefonnummer, E-Mail-Adresse) finden sich die offiziellen Adressen der Kirchengemeinde. Der Account kann für die offizielle Kommunikation im Sozialraum der Gemeinde genutzt werden, zum Beispiel wenn Sie mit ihm in die lokale Facebook-Gruppe Einladungen zu Gemeindeveranstaltungen posten.

Die gemeinschaftliche Kommunikation vermittels eines Gemeinde-Kontos begrenzt natürlich die Ausdrucksmöglichkeiten der jeweils an der Kommunikation beteiligten Menschen, aber diese Limitierung bedeutet auch einen Schutz, zum Beispiel vor dem Bruch von Privatsphären. In jedem Fall sollten die Ehren- und Hauptamtlichen, die an der Pflege des Kanals beteiligt sind, zuvor und mitlaufend geschult und begleitet werden.

Jenseits von Facebook und Nachbarschaftsplattformen (zum Beispiel nebenan.de oder kommunale Communities) empfiehlt sich ein Gemeindekonto noch für die Veröffentlichung von Videos. Hierfür hat sich die Nutzung von YouTube so sehr etabliert, dass ein Verzicht auf die Google-Plattform fast unmöglich erscheint.[36] Wichtig: Der YouTube-Algorithmus „straft“ genauso wie der von Instagram Accounts ab, die nicht monothematisch senden. Das heißt: Kirchengemeinde-Konten, auf denen mal ein Gottesdienst, mal ein Video vom Gemeindefest, mal ein Erklärfilm der Pastorin und mal die Stop-Motion-Filme aus der Konfirmandenarbeit zu sehen sind, wer-

36 Siehe Kapitel 5 – Video.

den reichweitentechnisch benachteiligt und finden sich sehr, sehr selten unter den automatisch generierten Empfehlungen der Plattform wieder. Das spielt aber nur in den allerseltensten gemeindlichen Anwendungsfällen überhaupt eine Rolle.

Im Gemeindekontext fungiert YouTube als Host für Bewegtbildinhalte, nicht als Maschine um Viralität zu erzeugen. Solange Sie die Videos auf Ihrer Webseite einbinden und zum Beispiel per Messenger oder Newsletter an Ihre Zielgruppen weitergeben können, erfüllt das Gemeindekonto auf YouTube seinen Zweck. Weil die Möglichkeiten viral zu gehen, für Gemeinden tatsächlich gegen Null tendieren, können Sie natürlich auch gleich ein YouTube-Konkurrenzprodukt nutzen, zum Beispiel Vimeo oder PeerTube.

Der Ein-Personen-Account (Pastor:in-Account)

Aufgrund von Datenschutzerwägungen und weiteren kirchlichen und technischen Hürden hat sich im deutschsprachigen Raum die Verwendung von persönlichen Konten auf den Social-Media-Plattformen zum Normalfall entwickelt. Auf Instagram, den Mikroblogging-Diensten X, Bluesky, Mastodon, aber auch auf Facebook, Pinterest, YouTube, TikTok und weiteren Plattformen liegen Ein-Personen-Accounts genau auf der Wellenlänge der algorithmischen Steuerung der Inhalte.

Auf Ein-Personen-Accounts vermischen sich persönliche, private und öffentlich-offizielle Kommunikation. Diese Verflüssigung ist von den Plattformen beabsichtigt und liegt auch auf Linie der Grundformen der Digitalität, wie sie Felix Stalder beschrieben hat.[37] Aber aus der Vermischung von Beruf und Privatleben oder von Ehrenamt und weiteren persönlichen Angelegenheiten entstehen selbstverständlich auch Probleme. Wie man sich auf Social-Media-Plattformen im Sinne des kirchlichen (Dienst-)Auftrags am besten verhalten soll, wurde vornehmlich gegen Ende der 2010er Jahre

37 Siehe Kapitel 1 – „Kultur der Digitalität“.

in den beiden großen Kirchen ausgiebig diskutiert. Inzwischen scheint diese Debatte sich deutlich beruhigt zu haben.

Ein praktisches Paradigma, mit Hilfe dessen man sich online sicher als Haupt- und Ehrenamtliche:r einer Kirche bewegen kann, ist die aus der Homiletik (Predigtlehre) bekannte Unterscheidung von privat und persönlich. Selbstverständlich soll nahbar und lebendig kommuniziert werden, private oder gar sensible Informationen gehören aber weder auf die Kanzel noch auf Instagram und Facebook. Digitalbegeisterte Mitarbeitende der Evangelisch-Lutherischen Landeskirche Sachsens haben „Richtlinien für den Umgang in den sozialen Medien" erarbeitet, die auch von der Landessynode angenommen wurden. Diese Richtlinien umfassen alles dringend Notwendige, was es bei der Nutzung eines halb persönlichen, halb beruflichen / ehrenamtlichen Accounts zu beachten gilt und sind geprägt von viel Optimismus und Freude an der Social-Media-Arbeit.[38]

Vor allem im Kontext der evangelischen Kirchen hat sich leider die analog vorherrschende Zentrierung auf die Pfarrer:in durch die Nutzung von persönlichen Accounts auch digital fortgesetzt. Das war der Preis dafür, dass sich kirchliche Leitungsstellen und Datenschutzbeauftragte viele Jahre mit Händen und Füßen gegen gemeindliche Plattformpräsenzen gewehrt haben. Nichts gegen Pfarrer:innen auf Social Media! Aber beide Kirchen sind nun einmal deutlich vielfältiger als es ihre Amtspersonen im Pfarramt sichtbar machen: Es gibt junge und ältere Menschen, die noch nicht oder nicht mehr im Berufsleben stehen. In der katholischen Kirche wird das gemeindliche und sozial-diakonische Leben vor allem von Frauen am Laufen gehalten, während das Amt des Pfarrers einem männlichen Priester vorbehalten ist. Gemeindepädagog:innen und Pastoralassistent:innen, Lektor:innen und Prädikant:innen prägen

38 https://engagiert.evlks.de/fileadmin/userfiles/EVLKS_engagiert/E._Materialien/PDF_Materialien/Social_Media_Guidelines_EVLKS.pdf (zuletzt abgerufen am 29.11.2023).

den Verkündigungsdienst an vielen Kirchorten ebenso so stark wie das gemeindliche Leben durch Gemeindereferent:innen, Kirchenmusiker:innen, Diakon:innen und Ehrenamtliche bereichert wird. All das geht unter, wenn auf Social-Media-Kanälen immer nur die Pfarrer:in im Bild ist.

Es gibt ein tiefverwurzeltes, traditionell vermitteltes Bedürfnis in beiden großen Kirchen (und auch in den evangelischen Freikirchen), Kontakt zur „eigenen" Pfarrperson zu halten. Daran hat die Digitalisierung überhaupt nichts geändert. Eher noch hat sie diesen Trend mancherorts sogar verstärkt. Die digital prinzipiell mögliche ständige Erreichbarkeit der Pfarrperson hat dazu ebenso beigetragen wie die Plattformkonventionen. Wenn digital nicht mehr der tatsächliche Kirchturm Orientierung bietet, wer übernimmt dann diese Rolle? Die Diskussion, ob *digitale Kirchtürme* nicht tatsächlich aus Fleisch und Blut bestehen, also mündige und ansprechbare Christ:innen und Amtsträger:innen sind, läuft noch. Viel spricht dafür.

Sollten Sie sich entscheiden, hauptsächlich oder ausschließlich mit einem persönlichen Account für Ihre Kirchengemeinde zu kommunizieren, achten Sie bitte darauf, dass nicht nur Ihre Pfarrperson sichtbar wird, sondern auch andere am Gemeindeleben beteiligten Personen. Im allerbesten Fall bevölkern gleich mehrere Funktionsträger:innen, haupt- und ehrenamtliche Menschen aus Ihrer Gemeinde gemeinsam mit ihren jeweils eigenen Accounts eine Social-Media-Plattform. Auch hier ist das Predigerbuch ein weiser Ratgeber: „Wenn zwei beieinanderliegen, wärmen sie sich; wie kann ein Einzelner warm werden? Einer mag überwältigt werden, aber zwei können widerstehen, und eine dreifache Schnur reißt nicht leicht entzwei." (Prediger 4,11–12)

Die Frage, ob Sie als Kirchengemeinde mit Ein-Personen-Accounts oder einem Kirchengemeinde-Account auf Social-Media-Plattformen kommunizieren, wird in erheblichem Maße von der Architektur und den Konventionen der jeweiligen Social-Media-Plattform vorgegeben. Kommunizieren Sie am besten flexibel, zum Beispiel auf Facebook oder einer Nachbarschaftsplattform mit einem offiziellen Gemeindeaccount (+ persönlichen Accounts) und auf Instagram mit persönlichen Accounts.

	Kirchengemeinde-Account	Ein-Personen-Account
Merkmale	▪ offizieller Kommunikationskanal	▪ persönlicher, nahbarer Austausch mit Follower:innen
	▪ alles unter einem Dach	▪ Trennung von privat und persönlich
	▪ Schutz der Privatsphäre	▪ plattformkompatibel
	▪ gemeinsame Nutzung und Pflege	▪ Gefahr der Zentrierung auf Pfarrer:in
	▪ relativ unabhängig von einzelnen Mitarbeitenden	
empfohlene Plattformen	▪ Facebook	▪ Facebook
	▪ Nachbarschaftsplattformen, wie nebenan.de	▪ Instagram
	▪ Video-Plattformen	▪ Mikroblogging-Dienste
	▪ (Instagram)	▪ Pinterest etc.
		▪ Nachbarschaftsplattformen

Wen will ich *wo* erreichen? (Social-Media-Plattformen)

Der Strom an neuen Akteur:innen reißt nicht ab, die trotz aller Probleme mit den großen Social-Media-Plattformen dort mit Menschen in Kontakt treten oder in Verbindung bleiben wollen. Welche Plattform oder App dafür geeignet ist, entscheidet sich durch den Blick auf die Zielgruppe des Angebots.[39] Deshalb ist die Frage danach, welche digitalen Orte für Konsument:innen attraktiv sind, trotz des Abschieds vom Web-2.0-Mindset grundsätzlich wichtig. Auch Kirchengemeinden sollten dort senden, wo die Menschen schon sind, an die sich ihre Inhalte richten.

Wer mit einer konkreten Gruppe von Menschen arbeitet, zum Beispiel einem Senioren-Kreis oder einer Konfirmand:innen-Gruppe, kann um die großen Social-Media-Plattformen getrost einen Bogen machen. Eng geknüpfte, häufig lokal oder regional organisierte Sozietäten bedürfen des Umweges über eine algorithmengesteuerte, kommerzielle Plattform in aller Regel nicht.

Facebook: Immer noch relevant

Dass in den westlichen Industrieländern weniger Mitglieder der Generation Z (geboren 1997–2009) und Y („Millennials", geboren 1983–1996) den Weg auf Facebook finden, hat bereits zu vielen Abgesängen auf die weltweit größte Social-Media-Plattform geführt. Dabei wächst die Nutzer:innenschaft von Facebook insgesamt weiterhin an. Facebook ist keineswegs ein reines „Alte-Leute"-Medium, wenngleich man dort gegenwärtig mit Angeboten für Jugendliche und junge Erwachsene sicher nicht auftrumpfen kann.

Social-Media-Angebote oder -Kampagnen, die sich an Erwachsene richten, werden auf Facebook aber weiterhin nicht verzichten wollen. Es sei denn, wichtige inhaltliche und ethisch-moralische oder datenrechtliche Gründe sprechen gegen ein Engagement. Facebook spielt auch in Deutschland weiterhin eine große Rolle, wenn es darum geht, Angebote vor Ort und im Sozialraum sichtbar zu machen.

---

39 Siehe Kapitel 2 – Let my people go: Wer sind meine Leute?

Instagram: Lebensraum und Gefahrengebiet

Im Vergleich zu Facebook ist das Publikum auf Instagram jünger, doch sollte man sich nicht täuschen lassen: Auch auf Instagram überwiegen mit Generation Y und X („Generation Golf", geboren 1966–1982) die Erwachsenen. Das deutschsprachige Instagram ist im Vergleich zu anderen Plattformen wie X, Mastodon und Facebook deutlich weiblicher. Das gilt im besonderen Maße noch einmal für die christlichen Bubbles auf der Bild- und Videoplattform des Meta-Konzerns. Gegen ein Engagement auf Instagram sprechen die gleichen Gründe wie bei Facebook. In jedem Fall werden sich Content-Produzent:innen auch jenseits der Frage nach „Ja oder Nein" überlegen müssen, welche Funktionen der inzwischen zu einer Multifunktions- und -formate-App umgebauten Plattform sie überhaupt sinnvoll nutzen können.

Die Hoffnung auf große Reichweiten wird man begraben müssen. Das gilt insbesondere für christliche Influencer:innen und Projekte. Auch die größeren Sinnfluencer:innen-Kanäle im deutschsprachigen Raum sind in den Jahren 2022 und 2023 merklich an eine unsichtbare Decke der Reichweitensteigerung und des *user engagements* gestoßen. Weiteres Wachstum scheint nur möglich, indem man (wie auch auf Facebook) durch Werbeschaltungen massiv in künstliche Reichweite investiert. Der Instagram-Algorithmus favorisiert außerdem Video-Inhalte. Eine laufende Kurzvideo-Produktion im Gemeindealltag zu realisieren, ist sehr schwer. Der Instagram-Algorithmus belohnt Kanäle, auf denen mindestens zwei oder drei Mal die Woche gepostet wird, andernfalls fallen auch gut gemachte Kurzvideos durch das Raster der Plattform-Architektur. Prüfen Sie, ob eine Videoproduktion für wenige Dutzend Zuschauer:innen sich wirklich lohnt.

Im Jahr 2023 konnte Instagram eine Reichweite von 27,45 Millionen Menschen in Deutschland ausweisen. In der Altersgruppe von 14 bis 29 Jahren hat Instagram Facebook als beliebteste Social-Media-Plattform bereits zu Beginn des Jahrzehnts abgelöst. Aber: Die monatliche Nutzungsdauer liegt weiterhin bei „nur" 8,5 Stunden pro Nutzer:in und verdankt sich besonders bei jungen Menschen zu erheblichen Teilen Kurzvideos (sogenannte *Reels*) und der Nutzung der Direktnachrichten-Funktion.

Als digitales Schaufenster von Initiativen und Organisationen eignet sich Instagram daher vor allem als Ergänzung zu einem plattformunabhängigen Angebot.[40] Der Instagram-Algorithmus verstärkt – wie auch der von YouTube und TikTok – vor allem solche Kanäle, die *monothematisch* senden. Kirchengemeinden, die einfach nur ein Bild ihres häufig bunten Engagements zeichnen wollen, werden darum strukturell benachteiligt. Erfolgreicher sind Kanäle, die sich auf ein Thema, ein Bildprogramm oder eine:n Influencer:in (Ein-Personen-Accounts) konzentrieren.

Es spricht aber nichts dagegen, als Person oder Gemeinde einen fröhlichen und bunten Instagram-Account zu betreiben, solange man mit realistischen Erwartungen bezüglich der Reichweite an die Sache herangeht. Die Wahrscheinlichkeit, auf Instagram eine kleine, aber treue Community von Menschen aus der Gemeinde und ihrem Umfeld heranwachsen zu sehen, ist groß, weil Instagram einfach wirklich viele Nutzer:innen hat. Das Kommunikationsumfeld ist außerdem zumeist wenig toxisch, solange Sie auf der Plattform nicht gezielt zu gesellschaftlich kontroversen Themen kommunizieren.

TikTok, YouTube, Twitch: Entertainment-Plattformen

Innerhalb der Generation Z reüssiert seit Sommer 2018 von den *multi interest* Plattformen vor allem TikTok. TikTok bietet einer beeindruckenden Vielfalt von unterschiedlichen Communities und Neigungsgruppen eine Heimstatt und der Algorithmus der App ist besonders gut darin, Menschen in diese Nischen hineinzuführen.

40 Siehe Kapitel 3 – Die Gemeinde-Webseite.

Ein großer Teil des (anfänglichen) Erfolgs von TikTok verdankte sich den im Vergleich zu anderen Videoplattformen hervorragenden Werkzeugen für die Videobearbeitung, die zugleich einfach zu handhaben und für viele Zwecke geeignet sind. Aus diesem Grund wurde und wird TikTok trotz aller Bedenken auch in der pädagogischen Arbeit mit Jugendlichen und sogar Kindern immer wieder eingesetzt. TikTok ist auch deshalb besonders bemerkenswert, weil es die erste Plattform ist, deren Popularität sich aus China in die westliche Popkultur übertragen hat. Als einzige der großen Entertainment-Plattformen wird sie nicht aus Hollywood oder dem Silicon Valley, sondern aus Peking geleitet.

Für das Video-Hosting greifen die meisten Projekte und Produzent:innen weiterhin auf den Marktführer YouTube zurück, der zu Google beziehungsweise der gemeinsamen Mutterfirma „Alphabet" gehört. YouTube ist auch die größte Suchmaschine der Welt für Bewegtbild: Wer gefunden werden will oder die verschwindend kleine Chance aufs Viralgehen nicht verpassen will, kommt an YouTube weiterhin nicht vorbei.[41] Die Generationen Z und Y nutzen neben diesen großen Video-Plattformen auch weitere Apps, um ihrer Lust an Bewegtbild nachzugehen, zum Beispiel Twitch für das Live-Streaming vor allem von Gaming-Content.

Es ist wahrscheinlich nicht mehr sachgemäß, diese Plattformen als Social-Media-Plattformen zu bezeichnen. Zutreffender ist ihre Beschreibung als Entertainment-Plattformen, zu denen aber die Möglichkeit der direkten Rückmeldung mittels Kommentaren, Likes, Shares (und In-Plattform-Bezahlung) selbstverständlich dazu gehört.

41 Siehe Kapitel 5 – Video.

Kommentarspalten, Foren, Direktnachrichten: Die heimlichen Superstars

Prinzipiell können Nutzer:innen auf YouTube (sowie auch auf Spotify, um ein Beispiel aus dem Bereich Audio zu nennen) per Kommentar mit den Content-Anbietern in Kontakt treten. In den YouTube-Kommentarspalten entspannen sich, ähnlich wie in den Chats von Live-Streaming-Angeboten, immer wieder intensive digitale Gespräche. Solche intensiven Gespräche entfalten sich derzeit vor allem in den *direct messaging*-Funktionen (DMs) von etablierten Plattformen wie Instagram. Laut Instagram-Chef Adam Mosseri ist der klassische Insta-Feed nur noch der dritt-, vielleicht viertwichtigste Ort auf der Plattform. Insbesondere junge User:innen verbringen ihre Zeit vor allem in den DMs und in den Insta-Stories.

Ganz nach Interessengebieten und Soziotopen orientiert treten digitale Communities weiterhin auch in Facebook-Gruppen, auf Discord oder im Umfeld von Newslettern (zum Beispiel auf der Plattform Substack) zusammen. Bereits bestehende christliche Online-Gemeinden nutzen verschiedene Werkzeuge für das Community-Management und vor allem Zoom für ihre Treffen und Gottesdienste.[42] Nicht zuletzt bieten Messenger-Apps inzwischen vielfältige Möglichkeiten, sich dort als Gruppe zu vernetzen.[43]

Mikroblogging: X, Bluesky und Mastodon

Kirchengemeinde-Accounts auf Mikroblogging-Diensten wie X, Bluesky oder Mastodon sind sinnlos. Uns ist kein einziges funktionierendes Beispiel aus dem deutschsprachigen Raum bekannt. Die Nutzer:innen-Zahlen sind für einen tatsächlich vor Ort bemerkbaren Marketing-Effekt zu gering und lokale und regionale Multiplikator:innen und Ansprechpartner aus der Zivilgesellschaft, Politik

42 Siehe Kapitel 8 – Online-Gemeinde.
43 Siehe Kapitel 5 – Messenger.

und Kultur nur ganz selten ebenfalls auf Mikroblogging-Plattformen aktiv. Es gibt dort schlicht keinen Resonanzraum für gemeindliche Kommunikation.

Besser investiert als in den Unterhalt eines Kirchengemeinde-Accounts auf einer Mikroblogging-Plattform sind Kraft und Zeit von Hauptamtlichen in die Pflege eines guten lokalen und regionalen Presseverteilers. Mikroblogging kann aber für Ehren- wie Hauptamtliche ein wunderbares persönliches Hobby sein, währenddessen man viele Ideen und Inspiration für die Gemeindearbeit aufschnappen kann.

Überlegen Sie sich gut, welche Ziele Sie auf Social-Media-Plattformen erreichen wollen – und ob diese realistisch sind. Als Kirchengemeinden, die nicht für Reichweite bezahlen und vor allem lokale Bedeutung haben, gehören Sie nicht zur anvisierten Kundschaft der großen Social-Media-Plattformen.

Um im Sozialraum ihrer Kirchengemeinde auch in der Digitalität sichtbar zu sein, benötigt Ihre Gemeinde digitale Präsenzen – auch auf den passenden Social-Media-Plattformen. Priorisieren Sie Plattformen, die vor Ort beliebt sind und genutzt werden. Kommunizieren Sie die Vielfalt Ihres Gemeindelebens!

The Medium is the Message: Warum das Netz keine Halde ist

Vom Kommunikationstheoretiker Marshall McLuhan stammt der Satz „The medium is the message“, der zum Standardrepertoire von Digitalisierungs-Diskursen gehört. Er soll hier ganz auf die digitale Kommunikation von Kirchengemeinden enggeführt ausgeführt werden:

Im Kern geht es darum, dass nicht die Inhalte (Content) allein digital kommuniziert werden, sondern auch das Medium selbst die versendeten Botschaften mitgestaltet. Während uns die Inhalte direkt vor Augen stehen, sind uns Plattformdynamiken und -Programmierung zumeist verborgen. Auch die Beeinflussung unseres eigenen Nutzungsverhaltens durch die Algorithmen, Ästhetiken und Mechaniken der Social-Media-Plattformen vergegenwärtigen wir uns höchst selten. Wie aber nun kommunizieren die Plattformen?

Im *social web* erleben wir Botschaften immer relational. Es geht nie nur um die Sache, sondern immer auch um die Person dahinter. Nie nur um eine Aussage, sondern immer auch um die Sprecher:in. Nie allein um ein Thema, sondern immer auch darum, was es „mit mir macht". Das trifft auf jede (medialisierte) Kommunikation zu, auch auf die im Gemeindekontext seit vielen Jahrzehnten eingeübten Formen wie den Gemeindebrief, die Gestaltung von Schaukästen und nicht zuletzt die Predigt und die Abkündigungen im Gottesdienst. McLuhan hat Recht, wenn er darauf hinweist, dass uns diese Dimension von Kommunikation zumeist verborgen bleibt – gerade, wenn wir uns gewohnter Kommunikationskanäle bedienen. Aber es macht einen Unterschied, ob ich etwas „von oben herab" von der Kanzel predige oder im persönlichen Gespräch anspreche.

Für die digitale Kommunikation der Kirchengemeinde im social web bedeutet das vor allem, dass Inhalte, die für analoge Kanäle gedacht waren und produziert wurden (zum Beispiel Predigten, Gottesdienste), nicht einfach „ins Netz gekippt" werden sollten. Sie können dort ihre intendierte Wirkung gar nicht entfalten. Und die gelegentliche Lieblosigkeit solcher Zweitverwertungen sendet zudem das Zeichen aus, dass die digitale Kommunikation nur als lästiges Anhängsel des eigentlich wichtigen, nämlich analogen Kommunikationsgeschehens begriffen wird.

Für die auf Social-Media-Plattformen zu kommunizierenden Inhalte gilt:[44] Originale oder geschickte Adaptionen sind billigen Kopien jederzeit vorzuziehen. Ja, das macht mehr Arbeit. Aber nur so können Sie sich von Ihrer Kommunikation Resonanz erwarten. Be-

44 Siehe Kapitel 3 – Die Gemeindewebseite: Wie und wo finde ich Material?

greifen Sie bitte Social-Media-Kanäle auf den vielfältigen Plattformen nicht einfach als Verlängerung bestehender – zumeist analoger – Kommunikationskanäle! Weder die Termine ihrer Kirchengemeinde gehören allein als PDF ihres Gemeindeblatts auf die Webseite noch ihre Predigten per *Copy-and-Paste* auf Facebook!

Eine Möglichkeit, originär analoge Inhalte für Social Media aufzubereiten, ist, sie in kurzen Posts zusammenfassen und dann auf den vollständigen auf Ihrer Webseite hinterlegten Inhalt (zum Beispiel das Gemeindeblatt, die Predigt-Unterseite oder den Pfarrer:innen-Blog) hinzuweisen. Noch besser ist es allerdings, wenn Sie für die Social-Media-Kommunikation Ihrer Gemeinde eigene Inhalte erstellen, die das analoge Angebot Ihrer Gemeinde nicht allein widerspiegeln, sondern bereichern.

Wie wäre es zum Beispiel damit, zu Beginn der Arbeitswoche bewusst zum Mitbedenken des Predigtextes für den kommenden Sonntag einzuladen? Ein solcher kurzer Social-Media-Post muss und sollte nicht mehr als 200–300 Wörter umfassen. In jedem Fall sollten Sie sich darum bemühen, dass Ihre Social-Media-Beiträge einen *Call-to-Action* enthalten, eine Aufforderung an die Leser:in oder Zuschauer:in, sich in irgendeiner, aber nicht beliebigen Form am Gespräch zu beteiligen. Denn: Botschaften werden auch digital relational kommuniziert, das heißt: Kommunikation ist ein sich in Beziehung zueinander setzen.[45] Beachten Sie, mit wem Sie kommunizieren, um nicht über die Köpfe ihrer Follower:innen hinweg zu reden oder sie gar zu unterfordern.[46] Stellen Sie Fragen, laden Sie zum gemeinsamen Nachdenken ein, reagieren Sie auf Rückfragen und Hinweise, kurz: Führen Sie Gespräche statt Ansprachen zu halten!

45 Siehe Kapitel 1 – Kirche im Netz: Verkündigung im digitalen Raum.
46 Siehe Kapitel 2 – Let my people go! Wer sind meine Leute?

Wiederholen Sie bitte nicht die Fehler, die in der analogen Kirchenkommunikation so häufig gemacht werden! Es geht nicht darum, Leuten dringend etwas mitzuteilen, sondern Informationen und Gedanken mit ihnen zu teilen. Erfolgreiche Social-Media-Kommunikation bedarf einer funktionierenden Zwei-Wege-Kommunikation.

Formatentwicklung und Community-Building

Die Gestaltung eines Social-Media-Kanals auf einer der großen Plattformen ist inzwischen eine recht komplizierte Angelegenheit geworden. Umso komplexer und multifunktionaler die Plattformen und Apps geworden sind, desto schwieriger ist die Frage zu beantworten, wie man auf ihnen am besten ein gutes Angebot gestaltet. Braucht es auf Instagram tatsächlich Videos oder kann ich mich auf gut gestaltete Bildkacheln beschränken? Wie lang sollten Facebook-Beiträge sein, damit sie gerne gelesen werden? Muss mein YouTube-Video wirklich in den ersten 10 Sekunden Spannung verbreiten, andernfalls klicken die Zuschauer:innen weiter?

Für den gemeindlichen Kontext spielen in unseren Augen viele dieser Plattformkonventionen nur eine untergeordnete Rolle. Darüber hinaus verändern sie sich ständig, weil die Plattformen zugunsten der zahlenden Werbekunden in solche Dynamiken permanent eingreifen. Was heute als besonders zielführende Kommunikation auf Instagram und Co. gilt, wird morgen vielleicht schon *outdated* sein.

Wie Sie gute und nachhaltige Online-Formate für Ihre Social-Media-Kanäle entwickeln können, können wir im Rahmen dieses Praxishandbuchs für die Digitalisierung einer Kirchengemeinde nicht ausführlich erklären. Es gibt inzwischen im Raum der Kirche aber nicht nur Präsenz-Fortbildungen zum Thema, sondern auch digitale Kurse, zum Beispiel die Social-Media-Academy des Arbeitskreis Jugendevangelisation (AGJE) und der Evangelischen Landeskirche in Württemberg, Angebote der Medienakademie der Nordkirche, Kurse im Rahmen von „be:moved“ im Bistum Essen oder die ruach. jetzt-Academy, um nur einige zu nennen.

Für den gemeindlichen Kontext hier aber noch einige Hinweise: Ein digitales Format ist ein wiederkehrendes Kommunikationsgeschehen, das Sie intentional anstoßen. Ein einmaliges Posting ist kein Format. Ein morgendlicher Gruß inklusive der Tageslosung schon, wenn auch kein sonderlich originelles. Ein gutes digitales Format einer Kirchengemeinde zeichnet sich durch folgende Merkmale aus:

- Regelmäßigkeit
- Verlässlichkeit
- Call-to-Action („Meine Antwort zählt“)
- hochwertige Gestaltung in Text, Bild oder Video

Überlegen Sie daher gut, in welchem *Rhythmus* Sie digitale Angebote auf Social-Media-Kanälen auch längerfristig durchhalten können – oder ob Sie besser in Reihen und Serien im Sinne eines Projektes kommunizieren wollen, zum Beispiel an besonderen Kirchenjahreszeiten orientiert.[47] Ganz generell belohnen die Plattform-Algorithmen Kanäle, auf denen regelmäßig und häufig gesendet wird. Schauen Sie aber, dass die Inhalte auch qualitativ mit dem Veröffentlichungsrhythmus mithalten können! Wenn auf einem Kanal vor allem Inhalte gepostet werden, die niemanden zum Liken oder Kommentieren verführen, „merkt“ sich das der Algorithmus auch: Weniger ist manchmal mehr!

Schauen Sie sich bei anderen vergleichbaren Angeboten und bei erfolgreichen christlichen Sinnfluencer:innen um, wie diese ihre Social-Media-Beiträge formulieren. Investieren Sie auch in die Äs-

47 Siehe Kapitel 2 - Life-Hack: Projektbezogen Arbeiten auch im Netz.

thetik Ihrer Beiträge: Ein gutes Foto und gut lesbare Schriften, eine klare Gestaltung und ein freundlicher Ton tragen weit. Beobachten Sie anhand der Statistiken, die Ihnen die Plattformen zur Verfügung stellen, an welchen Wochentagen und zu welchen Uhrzeiten Ihre Follower:innen mit Ihren Beiträgen interagieren, und richten Sie Ihre Veröffentlichungstermine danach aus.

Zuletzt: Lassen Sie sich von anderen inspirieren, aber suchen Sie bewusst auch das Neue und die Nische! Wenn es anderswo schon eine tolle Morgenandacht gibt, dann verlinken Sie doch dort hin oder teilen Sie diese auf Ihren Social-Media-Kanälen. Aus solchen Verbindungen können sogar langfristige Kooperationen entstehen. Verdoppeln Sie jedenfalls nicht einfach, was es anderswo für das gleiche Publikum schon gibt! Seien Sie kreativ und verrückt!

Vergessen Sie nicht, dass das Gespräch mit Ihren Follower:innen den eigentlichen Mehrwert digitaler Kommunikation darstellt! Investieren Sie Zeit und Kraft nicht nur in die Planung neuer, aufregender Formate und Beitrags-Serien, sondern in die Gespräche: Antworten Sie auf jede Nachricht und jeden Kommentar! Fragen Sie nach und bleiben Sie neugierig darauf, was ihre Follower:innen ihnen mitzuteilen haben. Verstehen Sie sich nicht allein als Überbringer:in der Guten Nachricht, sondern mindestens ebenso sehr als Empfänger:in.

#ansprechbar: Kommunikation statt Einweg-Verkündigung

Seit einigen Jahren hat sich unter ehren- und vor allem hauptamtlichen Seelsorger:innen auf den großen Social-Media-Plattformen ein kleiner Brauch etabliert: Posts und Accounts werden mit dem Hashtag #ansprechbar versehen. Damit senden die Seelsorger:innen deutlich das Zeichen aus, dass sie jederzeit von ihren Follower:innen, Gäst:innen und Interessierten angesprochen werden können, auch mit ganz persönlichen, eben seelsorglichen Anliegen.

Jenseits der Frage, ob die Social-Media-Plattformen und ihre Direktnachrichten-Funktionen, in denen sich solche Seelsorge-Gespräche dann anbahnen oder geführt werden, vom kirchlichen Datenschutz her gebotene Kommunikationskanäle sind, dokumentiert sich hier auch digital einer der Grundvollzüge von Kirche, der in #digitaleKirche-Diskursen allzu häufig untergeht. Es geht eben im Netz nicht nur um Zeugnis (Verkündigung, *martyria*) und um Gottesdienst (Liturgie, *leiturgia*), sondern auch um Diakonie (Dienst, *diakonia*).[48]

Christ:innen, Pfarrer:innen und Kirchengemeinden sollten digital nicht allein im Modus der Ver- oder Ankündigung unterwegs sein. Ja, es ist richtig und wichtig, Social-Media-Plattformen zu nutzen, um auf eigene Inhalte oder Veranstaltungen hinzuweisen, zum Mitmachen einzuladen. Aber mindestens ebenso wichtig ist es, am Leben der Anderen teilzunehmen. Christliches Zeugnis und christliche Nachfolge erschöpfen sich nicht in der Pflege der eigenen Kommunikationskanäle, sondern kommen dann ganz zu sich selbst, wenn sich Christ:innen auf den Weg zu anderen Menschen machen.[49]

Statt am nächsten Format für Ihre Social-Media-Kanäle zu basteln, das womöglich nur wenig Resonanz provoziert, können Sie sich auch in bereits laufende Gespräche anderswo einklinken. Besonders gilt das für Nachbarschaftsforen und die Facebook-Gruppen Ihrer Stadt oder Region. Lassen Sie von sich hören! Seien Sie ansprechbar auch an digitalen Orten, die nicht von Ihnen bereitgestellt oder primär von der Kirchengemeinde bespielt werden. Mischen Sie sich ein und geben Sie digital ein gutes Beispiel christlicher Nachbarschaft.

Dazu gehört analog wie digital die Zusammenarbeit mit anderen Akteuren: Was können Sie als Kirchengemeinde im Verbund mit anderen zivilgesellschaftlichen Akteuren oder der Kommune vor Ort

48 Siehe Tabelle auf S. 15.
49 Siehe Kapitel 1 – Kirche im Netz: Verkündigung im digitalen Raum.

auch digital gestalten? Ganz sicher freuen sich die Freiwillige Feuerwehr und andere Vereine darüber, wenn die Kirchen-Accounts ihre Inhalte durch Kommentare und Likes wertschätzen oder sie sogar weiterverbreiten. Denken Sie sich Ihre Kirchengemeinde eingebunden in ein Netz von anderen Akteuren. Dieses Netz wird umso stärker, desto mehr Knoten sie gemeinsam knüpfen!

Als Kirchengemeinde sind Sie digital nicht nur Gastgeberin, sondern auch zu Gast bei anderen Menschen. Bringen Sie sich ein, hören Sie zu, werden Sie ansprechbar!

(Mit-)Leben in der Digitalität

Im Herbst 2023 schauen Akteur:innen der digitalen Zivilgesellschaft und der Digitalwirtschaft sowie viele Nutzer:innen mit Sorgen auf die großen Social-Media-Plattformen. Die Übernahme und anschließende Zertrümmerung von Twitter durch Elon Musk gilt nicht wenigen als Vorzeichen für den Untergang von Social Media. Dienen die Dynamiken und die Ökonomie der Plattformen wirklich uns Menschen und unserem Sozialleben?

Zwar steigt die Zeit weiterhin an, die wir alle mit der Nutzung digitaler Medien und Werkzeuge verbringen, aber das Nutzungsverhalten differenziert sich weiter aus. Auch jenseits von *digital detox* (bewusst gesetzten Wellness-Pausen vom Netz) finden viele Menschen keinen Anschluss mehr zum Geschehen auf den großen Plattformen. Einige weichen auf Nischenangebote aus, andere verabschieden sich ganz. Wir halten digital vermittelt Kontakt mit Freunden und Familie, mit Kolleg:innen und Glaubensgeschwistern – aber das zunehmend häufiger jenseits der von Werbung, Algorithmen und Plattforminteressen geprägten großen Social-Media-Plattformen.

Das Schicksal von Twitter und der Aufstieg von TikTok führen vor Augen, dass auch die großen Social-Media-Plattformen, die unser Leben in der Digitalität seit Mitte der 2000er Jahre maßgeblich geprägt haben, sterben und durch neue Angebote ersetzt werden können. Vielleicht wird man den Anfang des 21. Jahrhunderts tatsächlich als das Zeitalter des Web 2.0, des *social web*, erinnern, weil wir künftig andere Formen des digitalen Zusammenlebens priorisieren werden.

Wandel, Verfall und neue Trends werden jedenfalls auch in der eigentlich sehr optimistischen Techbranche gegenwärtig eher skeptisch aufgenommen: Zu viele Hypes haben sich in den vergangenen fünf Jahren als reine Chimären herausgestellt. Tut uns Social Media gut – und wenn ja, wie viel davon? Wie *sozial* ist das Abhängen auf TikTok, Insta und YouTube tatsächlich?

Für digitale Akteur:innen und besonders für Christ:innen und ihre Gemeinden steht daher die Notwendigkeit, *plattformunabhängige* Angebote zu schaffen, deutlicher vor Augen als noch zu Beginn des Jahrzehnts, als man Facebook und Co. für unsterblich hielt. Die großen Social-Media-Plattformen werden uns sicher noch einige Jahre erhalten bleiben, aber lohnt sich der Einsatz von Ressourcen für die Content-Produktion auf ihnen wirklich nachhaltig? Wer heute digitale Kampagnen und Angebote produziert, verfolgt daher mindestens einen *Multi-Plattform-Ansatz*.

Für christliche Akteur:innen stellt sich die Frage umso drastischer, ob ein Engagement auf solchen Plattformen weiterhin angeraten ist, die keineswegs faire Marktplätze für Meinungen, Nachrichten und das bürgerschaftliche Zusammenleben sind. Um Wert und Risiko eines Engagements auf den großen Social-Media-Plattformen besser bewerten zu können, muss das Wissen um die Funktionalität der Plattformen unter Christ:innen vertieft und verbreitert werden.

Wer sicherer *auf und mit* den gegenwärtigen Social-Media-Plattformen leben will, muss besser Bescheid wissen. Damit ist eine bleibende Aufgabe für die pädagogische Arbeit sowohl mit Kindern und Jugendlichen als auch mit Erwachsenen im Raum der Kirche umrissen. Das gilt auch für die gemeindliche Bildungsarbeit und zwar nicht nur mit Konfirmand:innen, sondern gezielt auch mit Erwachsenen und älteren Gemeindemitgliedern. Partner:innen und Expert:innen für diese Bildungsarbeit finden Sie in Ihren Bistümern und Landeskirchen und bei zivilgesellschaftlichen Akteur:innen in Ihrer Umgebung. Nutzen Sie deren Angebote!

Kapitel 5:

Digitale Werkzeuge jenseits von Social Media

Wer #digitaleKirche sagt, meint häufig genug allein die großen Social-Media-Plattformen. Ein Missverständnis, das wir hoffentlich in den vorangegangenen Kapiteln beseitigen konnten. Für die digitale Kommunikation einer Kirchengemeinde sind die großen Plattformen keineswegs unwichtig, aber stellen bei weitem nicht den einzigen Ort dar, an dem sie gelingen kann. Wie wir in Kapitel 3 beschrieben haben, ist die eigene Webseite für die Kirchgemeinde vor allem deshalb wichtig, weil sie auf ihr in eigener Verantwortung und plattformunabhängig Inhalte zur Verfügung stellen kann. Die eigene Webseite steht im Zentrum einer vielfältigen digitalen Kommunikation einer Kirchengemeinde. Inhalte, die für die Webseite produziert werden, können auch auf anderen Kanälen ihren Weg zu den Menschen finden, sei es der analoge Gemeindebrief oder andere digitale Ausgabewege.

In diesem Kapitel wollen wir einige digitale Werkzeuge vorstellen, die eine wichtige Rolle in der alltäglichen Kommunikation im Rahmen einer Kirchengemeinde spielen können. Sie werden am besten komplementär zu Webseite und Social-Media-Präsenzen genutzt. Wenn wir nun den Nutzen beschreiben, den Messenger, Newsletter, Podcasts, Videos und Livestreams für ihre gemeindliche Kommunikation haben können, verlassen wir „das Internet“, in das wir „gehen“, und begeben uns in jenen Teil des Netzes, der nicht zuerst per URL im WWW ansteuerbar ist, unser Alltagsleben aber – häufig unbemerkt – permanent begleitet.

Messenger-Dienste werden von fast allen Menschen genutzt, bis ins hohe Alter hinein. Wir telefonieren deutlich seltener mit Freunden und mit der Familie als früher, sondern sind in Chat-Gruppen miteinander verbunden und senden uns permanent mehr oder weniger relevante Nachrichten, Fotos oder Statusmeldungen.

Die E-Mail und mit ihr der standardisierte Versand von Informationen mittels Newslettern ist vor gut einem Vierteljahrhundert zunächst Teil unseres Arbeits- und dann auch Privatlebens geworden.

Audio-visuelle Medien wie Radio und Fernsehen begleiten uns seit Jahrzehnten und ihre Entsprechungen im Zeitalter der Digitalisierung sind uns ebenfalls kein Neuland mehr: YouTube wurde im Jahr 2005 gegründet. Inzwischen versenden viele Menschen Geburtstagsgrüße per Video-Botschaft in Messenger-Apps. Zur nach wie vor sehr großen Radiohörer:innenschaft ist auch im deutschsprachigen Raum zu Beginn der 2020er Jahre eine wachsende Podcast-Nutzung hinzugekommen. Insbesondere während der Corona-Pandemie haben sich Livestreams von Gottesdiensten auch in den Kirchen hierzulande etabliert.

Zu geeigneten Werkzeugen für das Leben Ihrer Kirchgemeinde werden die in diesem Kapitel vorgestellten Medien vor allem deshalb, weil sie in unser aller Alltag in der Digitalität eine bestimmende Rolle spielen. Ihr Wert für die Kommunikation Ihrer Kirchengemeinde und die Kommunikation des Evangeliums kann daher kaum überschätzt werden.

Messenger

Es gibt grundsätzlich zwei Arten medialer Kommunikation: die aufsuchbare (*pull*) und die aufsuchende (*push*) Kommunikation. Aufsuchbar bedeutet, gefunden werden zu können, wenn sich jemand selbst auf die Suche macht. Das ist beispielsweise Sinn und Zweck von Kirchgemeindewebseiten. Aufsuchende Kommunikation landet dagegen direkt bei den Empfänger:innen, ohne dass diese dafür erneut oder wiederkehrend etwas unternehmen müssen. Beispiele dafür sind

- der Gemeindebrief, der in den Briefkasten geworfen wird,
- der Newsletter, der im E-Mail-Postfach landet,
- die Messenger-Nachricht, die auf dem Smartphone-Bildschirm aufploppt.

Messenger sind kleine Apps, die zum Gespräch per Smartphone genutzt werden, zumeist in Textform oder vermittels aufgenommener Sprachnachrichten. Laut ARD-ZDF-Onlinestudie 2022 nutzen 84% aller Deutschen ab 14 Jahren mindestens einmal wöchentlich einen Messenger. In der Altersspanne 14–29 Jahre sind es 99%, in der Altersspanne 30–49 Jahre sind es 95% und auch im Alter von 50–69 Jahren nutzen noch 82% der Deutschen jede Woche mindestens einmal einen Messenger. Unangefochtener Marktführer ist WhatsApp (82%), dann folgen Telegram (13%), Signal (11%), Threema (6%) und Sonstige (14%).

Anders und ganz deutlich gesagt: Nahezu jede:r im Alter bis ca. 70 Jahre ist über irgendeinen gängigen Messenger erreichbar. Diese Dienste sind die ultimativen Werkzeuge zur aufsuchenden Push-Kommunikation. Sie sind unmittelbar, persönlich, dicht dran am Alltag der Nutzer:innen und einfach zu bedienen. Gleichzeitig sind sie nur teilöffentlich. Die Kommunikation in Messenger-Gruppen ist nur für jene Menschen zugänglich, die Teil der genutzten Chat-Gruppen sind. Deshalb werden Messenger auch *Dark Social*, also „dunkle" Social-Media-Plattformen genannt, weil sie anders als Facebook-Seiten, Twitter / X-Profile oder YouTube-Kanäle nicht einfach öffentlich einsehbar sind. Zusätzlich lassen sich Nachrichten in fast allen Messengern auch mit Ablaufdatum versehen und bleiben nicht grundsätzlich ewig gespeichert. Das bedeutet aber nicht, dass über Messenger-Gruppen weniger Menschen erreicht werden können als über Social-Media-Kanäle – im Gegenteil.

Weil zudem auch noch die Absender außer über ihre Telefonnummer und einen selbstgewählten Namen nicht identifizierbar sind, eignen sich Messenger ausgesprochen gut zur Verbreitung von Verschwörungstheorien. Besonders Telegram hat sich in diesem Bereich im deutschsprachigen Raum einen Namen gemacht, aber auch WhatsApp hat damit immer wieder Probleme.[50]

WhatsApp und die Alternativen

WhatsApp ist auch in das Visier deutscher Datenschützer geraten, seitdem es Teil des Facebook-Mutterkonzerns Meta ist. Befürchtet wird hier eine unzulässige Verknüpfung der Nutzer:innen-Daten über die verschiedenen Meta-Plattformen hinweg. Trotz der Ende-zu-Ende-Verschlüsselung, die in WhatsApp integriert ist, und der Grundhaltung der beiden WhatsApp-Gründer Jan Koum und Brian Acton zu maximaler Privatsphäre, ist WhatsApp in den meisten Bistümern und Landeskirchen offiziell nicht für die dienstliche Nutzung zugelassen. In der Gemeindepraxis sieht es trotzdem anders aus, weil die Kirche nun einmal in der digitalisierten Welt lebt und dort sein will und muss, wo Menschen bereits sind. Und das ist nun einmal WhatsApp.

Eine Variante, mit den Bedenken zur Privatsphäre umzugehen, ist, WhatsApp nicht über die private Telefonnummer der Pastor:in zu nutzen, sondern extra dafür ein Dienst-Smartphone anzuschaffen mit eigener Nummer, das nur für die Messenger-Nutzung dient und zu sonst gar nichts. Damit wäre dem Datenschutz genüge getan, aber nur aufseiten des Dienstgebers – die Personen, die über WhatsApp privat ihr Leben organisieren und darüber kommunizieren, treffen diese Entscheidung für sich selbst. Wenn der Dienstgeber das allerdings nicht zulässt oder finanziert, ist die Variante an-

50 Wer sich näher für das Thema interessiert, dem sei Staffel 6 / Folge 6 des Podcasts „Land of the Giants" von „The Verge" empfohlen, in dem die Problematik am Beispiel Indien, wo rund 400 Millionen Menschen WhatsApp nutzen, ausführlich erläutert wird.

dersherum gängig: Auf dem Diensthandy ist WhatsApp dann nicht installiert, sondern die Gemeindemitarbeiter:innen nutzen für WhatsApp ihr Privatgerät. Die meisten machen einfach das, was funktioniert.

Die drei etwas größeren WhatsApp-Alternativen Signal, Telegram und Threema sind bei Datenschützern deutlich besser angesehen. Um möglichst viele Menschen zu erreichen, muss man sich aber zweifelsohne nach der Lebensrealität der Empfänger:innen richten. Die Wahrscheinlichkeit, dass Firmlinge, Konfirmand:innen und deren Eltern sich nur aufgrund kirchlicher Datenschutzbedenken einen neuen Messenger zulegen, ist gering. Da müssen sich Kirchengemeinden einfach an der Realität orientieren, statt zu versuchen, eine eigene Wunsch-Realität zu etablieren.

Für die Arbeit mit Konfirmand:innen sind im Raum der evangelischen Kirche in den vergangenen Jahren dennoch mehrere Apps entwickelt worden: Die KonApp und die KonfiApp bieten neben weiteren Features auch einen Chat an, der Leitende und Teilnehmer:innen miteinander verbindet. Ausprobieren schadet nicht! Vor allem, wenn Sie in Ihrer Gemeinde während des Konfirmandenunterrichts weitere Features der Apps nutzen wollen. Auch dabei aber gilt: Gewohnte Kommunikationsmittel ersetzen zu wollen, ist eine große Hürde, die im Zweifel dazu führt, dass Sie die Konfis gar nicht erreichen.

Zu Beginn der 2020er Jahre beobachten wir auch, dass viele Nutzer:innen mehrere Messenger-Dienste auf ihren Smartphones installiert haben. Wenn es Ihnen ein unabweisbares Anliegen ist oder Sie dienstlich dazu verpflichtet sind, einen anderen Messenger als WhatsApp zu verwenden, lohnt es sich unter Umständen zum Beispiel Signal zu erproben. Hierbei können Sie allerdings nicht wie bei WhatsApp davon ausgehen, dass ein großer Teil der Menschen die App bereits sowieso installiert hat und tatsächlich gewohnheitsmäßig nutzt. Das schließt eine Verwendung in Gruppen-Settings nicht aus, erschwert aber die Verwendung als Push-Kommunikations-Werkzeug. Sie müssen daher mit jeder neuen Gruppe neu besprechen, welche gemeinsamen Kommunikationswege funktionieren können und sollen, und Ihrerseits flexibel bleiben.

Mehr als Terminplanung

Weitgehend ungenutzt bleibt im gemeindlichen Kontext die Möglichkeit, sich per Messenger zu anderen Zwecken als zur Terminbekanntgabe oder -absprache mit den Nutzer:innen zu vernetzen. Häufig dienen die Gemeinde-Messenger-Gruppen allein der Koordination der Gruppen- oder Gemeindeaktivitäten.

Dabei könnte die Möglichkeit, unmittelbar und unaufgefordert, doch zugleich von Ihnen gewünscht mit den Mitgliedern von Messenger-Gruppen in Kontakt zu treten, noch viel stärker für die Kommunikation des Evangeliums, für spirituelle Impulse und auch für die Seelsorge genutzt werden.

Manchmal genügt schon der Hinweis in die Gruppe hinein, dass man als Seelsorger:in auch per Messenger selbstverständlich ansprechbar ist. Geben Sie hier am besten zugleich einige Rahmenbedingungen vor: Zu welchen Uhrzeiten können die Menschen mit einer schnellen Antwort von Ihnen rechnen? Wann stehen Sie nicht zur Verfügung? Für welche Anliegen darf der Messenger-Kanal genutzt werden? Diese Infos können Sie gelegentlich in die Gemeinde-Gruppenchats einstellen und in Ihrem Profil dauerhaft präsent halten. Über das Feld „Status“ oder eine Ergänzung ihres Benutzernamens mit aktuellen Hinweisen (“auf Dienstreise“, „im Urlaub”...) können Sie ebenfalls kommunizieren, was gerade geht und was nicht.

Digitale Verkündigungsformate wie Social-Media-Bildkacheln, Fotos, kurze Texte sowie Audio- und Videoinhalte können ebenfalls per Messenger geteilt werden. Nutzen Sie diese Möglichkeit! So persönlich und nahbar wie in Messenger-Apps begegnen wir uns digital selten. Versäumen Sie jedenfalls nicht die Möglichkeit, in den Messenger-Gruppen auf neue Aktionen, Veranstaltungen und digitale Formate Ihrer Gemeinde per Link oder Einbettung hinzuweisen. Wenn Sie ohnehin eine Video-Andacht oder einen Podcast produzieren, dann sollten Sie diese auch über ihre Messenger-Kanäle ausspielen. Über die Messenger-Gruppen finden solche Medienangebote in der Regel ein viel größeres Publikum als über YouTube oder Podcast-Plattformen allein. Werden Sie auch Mitglied in örtlichen Messenger-Gruppen jenseits der Grenzen Ihrer Kirchengemeinde und beteiligen Sie sich dort am gegenseitigen Austausch!

Beachten Sie auch bei der Nutzung von Messengern die Hinweise zum Arbeiten in Projekten: Eine im Advent oder in der Passionszeit wiederkehrende Reihe von kurzen Audio- oder Videoandachten zum Beispiel überfordert weder die Empfänger:innen noch Sie als Produzent:innen. Und noch eine gute Nachricht: Die Ansprüche an die Videoqualität sind bei der Ausgabe über mobile Endgeräte denkbar gering. Nur keine Scheu!

Neben Gemeindebrief und Newsletter sind Messenger-Dienste das erfolgversprechendste und sinnvollste Werkzeug für die Push-Kommunikation in der Gemeinde. Gemeindegruppen nutzen die App, um sich zu koordinieren und wichtige Informationen weiterzugeben. Auch eine Messenger-Gruppe mit aktuellen Hinweisen, spirituellen Impulsen oder regelmäßigen Einladungen, die von der Kirchengemeinde als Informationsangebot angeboten wird, kann gut funktionieren.

Newsletter

Ein Newsletter ist zunächst einmal nichts anderes als eine regelmäßig verschickte E-Mail an einen Verteiler von Nutzer:innen, die sich freiwillig dafür eingetragen haben. Newsletter sind deshalb ein ausgezeichnetes Kommunikationsmittel, weil ihr Empfang zugleich freiwillig und absichtlich ist.

Die Vielfalt unterschiedlicher Newsletter-Formate ist riesig und reicht von thematisch oder anderswie zusammenpassenden Termin-Sammlungen über die Vorstellung der interessantesten Links der Woche bis hin zu ausrecherchierten journalistischen Berichten, die exklusiv als Newsletter angeboten werden. Newsletter können nur eine Handvoll Menschen oder zehntausende Leser:innen erreichen. Allen Newslettern sind drei technische Eigenschaften gemein:

- sie werden per E-Mail verschickt
- dafür braucht es eine doppelte Einwilligung der Empfänger:in
- es gibt eine Möglichkeit der Auswertung der Öffnungs- und Klickraten

Weil die Einwilligung der Nutzer:innen in den E-Mail-Empfang dokumentiert sein muss, werden für den Newsletter-Versand eigene Werkzeuge verwendet, die nicht einfach nur ein Outlook-Verteiler sind. Die doppelte Einwilligung wird auf Englisch *double opt-in* genannt und umfasst zunächst die Zustimmung, E-Mails zugesandt zu bekommen, und anschließend mit der ersten E-Mail eine nochmalige Bestätigung dieser Einwilligung. Dahinter steht der Wunsch, das unerwünschte Zusenden von E-Mails – also: *Spam* – zu verhindern. Seriöse Newsletter bieten immer eine einfache und transparente Möglichkeit, sich vom Versand wieder abzumelden.

Eine Auswertung der Öffnungsraten ist zwar theoretisch optional, in der Praxis aber sehr sinnvoll. Sie hilft dabei, technische Probleme zu erkennen („Kommt mein Newsletter auch wirklich an?"). Sie hilft vor allem dabei, nachvollziehen zu können, welche Inhalte oder welche Form gut ankommen. Um hinter die Vorlieben der Leser:innen zu kommen, ist es empfehlenswert, gelegentlich ein bisschen Varianz in die Gestaltung einzustreuen, ab und zu eine andere Form, einen anderen Inhalt oder einen anderen Schreibstil auszuprobieren und sich deren Erfolg genauer anzuschauen.

Zu Beginn eines Newsletter-Projekts stehen Kirchengemeinden zumeist vor dem Problem, überhaupt erst einmal einen Verteiler von interessierten Empfänger:innen zusammenzutragen. Einfach alle in der Gemeinde bekannten E-Mail-Adressen in einen neuen Verteiler zu kippen, geht aus Gründen des Datenschutzes und Anstands *nicht*. Ein Hinweis auf Ihre(n) Newsletter sollte prominent auf Ihrer Gemeindewebseite und in weiteren analogen und digitalen Gemeindemitteilungen platziert werden. Es schadet auch nicht, in den Abkündigungen im Gottesdienst und bei allen weiteren Anlässen, in den Gemeindegruppen, bei Empfängen und Gemeindefesten, auf das Newsletter-Angebot hinzuweisen.

Zu diesem Zweck können auch papierene Listen für die Newsletter-Bestellung genutzt werden, in die sich – gerade ältere – Gemeindemitglieder zu diesen Gelegenheiten händisch eintragen können. Bewahren Sie solche Listen auf, damit es später nicht zu Verwirrungen darüber kommt, warum jemand „plötzlich" einen Newsletter von Ihnen erhält. Die analoge und persönliche Werbung vor Ort ist für das Wachstum ihres Newsletter-Verteilers viel wichtiger als die Verbreitung des Angebots über Social-Media-Kanäle!

Newsletter als digitaler Gemeindebrief?

Der englische Begriff *Newsletter*, etwa: Neuigkeiten-Brief, verweist auf den Hauptzweck, wegen dem E-Mails an einen größeren Verteiler versandt werden: Es geht um die schnelle, kostengünstige und direkte Weitergabe von aktuellen und zeitgebundenen Informationen. Zu solchen Neuigkeiten und Aktualitäten gehören vor allem Terminhinweise, Erinnerungen, Ankündigungen und Berichte. Ein Newsletter landet direkt im E-Mail-Postfach der Empfänger:in, das von ihr täglich geöffnet, wenn nicht sogar permanent in der Hosentasche auf dem Smartphone mitgeführt wird. Näher rücken Sender:innen ihren Empfänger:innen nur noch per Messenger. Zugleich ist ein Newsletter auch schnell aus dem Postfach gelöscht oder rückt „nach unten", weil neue E-Mails hinzukommen. Newsletter werden in der Regel nicht ausgedruckt und abgeheftet oder in höheren Ehren gehalten, sie haben ein deutliches und zeitnahes Verfallsdatum.

Ehren- und hauptamtliche Mitarbeitende in unseren Kirchen denken bei dieser Beschreibung vermutlich direkt an ihren Gemeindebrief. Der Gemeinde- oder Pfarrbrief, die lokale Kirchenzeitung oder der Kirchenbote, die gedruckten Mitteilungsblätter unserer Kirchengemeinden firmieren unter verschiedenen Namen. Gemeinsam ist den Gemeindebriefen aber der Inhalt: Dort finden interessierte Leser:innen die aktuellen Gottesdienstzeiten, weitere Veranstaltungstermine und -einladungen, Hinweise auf Gemeindeprojekte, Vorstellungen von Gemeindemitarbeiter:innen sowie eine kurze schriftliche Andacht und kurze Berichte von Gemeindeveranstaltungen, inkl. einiger Fotos. Außerdem enthalten die Gemeindebriefe Adressen und Kontaktdaten der Mitarbeitenden und kurze Notizen über die in der Gemeinde getauften, konfirmierten / gefirmten, getrauten oder bestatteten Personen.

Es liegt nun nahe, den Gemeindebrief mittels eines Newsletters zu digitalisieren. Vor allem, da die Kosten für den Druck und (postalischen) Versand des Gemeindebriefes in den 2010er und zu Beginn der 2020er Jahre enorm gestiegen sind. Wo statt eines teuren Postversands sowieso Ehrenamtliche die Verteilung von Gemeindeblättern übernehmen, fehlt es zunehmend an Freiwilligen für diese wenig glamouröse Hilfstätigkeit. Zugleich sind die Ansprüche an das Design von Pfarrblättern bei den Leser:innen gewachsen: Ein einfach zusammenkopiertes gefaltetes Blättchen lockt niemanden mehr hinter dem Ofen hervor und geht in der alltäglichen analogen Post unter.

Tatsächlich haben Bistümer und Landeskirchen den Gemeindebrief längst als Gestaltungsort entdeckt und in den vergangenen Jahren in dessen flächendeckende Optimierung investiert. Schauen Sie sich einmal um, welche Möglichkeiten Ihnen von Ihrer Kirche geboten werden! Auch das Gemeinschaftswerk der Evangelischen Publizistik (GEP) mit dem Angebot „Der Gemeindebrief" und die katholische Kirche mit dem „Pfarrbriefservice" bieten Unterstützung bei der inhaltlichen Gestaltung von Gemeindebriefen an.

Als häufigste Konsequenz aus diesem – für Printprodukte typischen – Medienwandel, beobachten wir, dass Kirchgemeinden den Veröffentlichungsrhythmus ihrer Gemeindeblätter ausdünnen. Der Kirchenbote erreicht die Leser:innen nicht mehr monatlich, sondern zweimonatlich, vierteljährlich oder gar nur zwei Mal im Jahr. Das führt nicht zuletzt dazu, dass die Gemeindebriefe dann von der Vielzahl der Gemeindetermine völlig überladen sind oder auf die Vollständigkeit von Informationen verzichtet wird, die aber Stammleser:innen von ihrem Gemeindebrief gewohnt sind. Es ist ein Dilemma! Zugleich engagieren sich nach wie vor viele Menschen für den Gemeindebrief als Kommunikationsform ihrer Kirchengemeinde. Diesen Einsatz sollte man stärker würdigen, indem man ihn in Bahnen lenkt, die auch im Zeitalter der Digitalisierung zu den Leser:innen führen.

Als Ergänzung zum oder Ersatz für den Gemeindebrief eignen sich Newsletter hervorragend: Druck- und Versandkosten fallen komplett weg, auch ein mühsames Austragen in die Briefkästen der Gemeindemitglieder entfällt. Zugleich können sich auch Gäste und Freunde der Gemeinde, die außerhalb des Gemeindegebietes wohnen, für den Newsletter anmelden. Ein Newsletter kann prinzipiell so lang und ausführlich oder kurz und präzise ausfallen, wie Sie mögen. Probieren Sie unterschiedliche Formate aus und überprüfen Sie, wie diese bei den Newsletter-Abonnent:innen ankommen!

In der Praxis bewährt haben sich vor allem jene Newsletter, die digital nicht einfach den analogen Gemeindebrief nachbauen, sondern die Chancen des Newsletter-Formats wirklich nutzen. Ein guter Newsletter enthält neben einer persönlich gehaltenen Begrüßung ein oder zwei Neuigkeiten, höchstens einen oder zwei *Calls-to-Action*, also eine oder zwei Aufforderungen, selbst aktiv zu werden (eine Veranstaltung zu besuchen, sich an einer Kollekte zu beteiligen etc.), die Kontaktdaten der Gemeinde und Links zu passenden Inhalten auf Ihrer Gemeindewebseite. Weil Sie Newsletter tatsächlich in häufigerem Rhythmus versenden können als gedruckte Gemeindebriefe, müssen Newsletter nicht lang und ausführlich sein!

Anstelle eines wöchentlichen Rhythmus, der Leser:innen schnell ermüden und die Mitarbeitenden überlasten kann, empfehlen wir einen monatlichen Versand, der gelegentlich durch Sonderausgaben ergänzt wird (zum Beispiel die Termine der Weihnachtsgottesdienste, Hinweise zur Konfirmation etc.). So können sie den Ressourceneinsatz für die Newsletter-Produktion gut steuern und Erkenntnisse darüber, ob und wie der Newsletter angenommen wird, in Ihre Arbeit gut einfließen lassen. Newsletter, die morgens in den Postfächern der Empfänger:innen ankommen, werden übrigens häufiger gelesen als wenn sie abends verschickt werden. Es ist auch erlaubt und gut möglich, mit einem Newsletter auf das neue Gemeindeblatt hinzuweisen, das sie auf der Gemeindewebseite zur Verfügung stellen, doch gilt für Newsletter wie Gemeindewebseite: *Online first!*

Newsletter in der Verkündigung

Eine in der deutschsprachigen Gemeindelandschaft noch weitgehend ungenutzte Chance von Newslettern liegt in ihrem Gebrauch für den Verkündigungsdienst. Zumeist beschränken sich die Gemeinden auch im Newsletter auf jene kurzen schriftlichen Andachten, die aus dem gedruckten Gemeindeblatt bekannt sind.

Natürlich sind Newsletter hervorragende Orte, um solche kurzen Impulse an die Leser:in zu bringen. *Anschließend* können sie auch auf der Gemeindewebseite Verwendung finden. Denken Sie daran, dass nur wenige Menschen Ihre Newsletter wirklich lesen werden, wenn sie darin vornehmlich Inhalte wiederfinden, die sie bereits anderswo wahrgenommen haben.

Wir wollen aber dazu ermutigen, über die traditionelle Praxis der schriftlichen Kurzandacht hinauszudenken: Statt einem Text können Sie in die Newsletter nämlich auch Videos und Audio-Nachrichten (Mini-Podcasts) einbinden. Und was spricht eigentlich dagegen, Ihre Leser:innen mit einer besonderen Newsletter-Reihe durch den Advent, die Passionszeit oder den Sommer zu geleiten? Denken Sie auch hier am besten in Projekten und rechnen Sie damit, dass es gerade in der Fastenzeit und im Advent eine Reihe gut gemachter Konkurrenzprodukte aus Kirchen, Medien und Verlagen gibt.

Suchen Sie sich für einen inhaltlichen Newsletter eine Nische, die noch von niemandem sonst besetzt ist und / oder setzen Sie auf den lokalen oder regionalen Bezug Ihrer Verkündigung. Newsletter können Sie auch dazu nutzen, theologische Themen zu vertiefen, die im Kirchenjahr oder in einer Predigtreihe oder während eines Gemeindeprojekts gerade anliegen. Bleiben Sie nicht an der Oberfläche, sondern bieten Sie ihren Leser:innen die Möglichkeit zum Lernen und geistlichen Wachstum!

Eine Ankündigung und die erste Ausgabe eines solchen thematischen Newsletters können Sie übrigens über Ihren bestehenden Newsletter-Verteiler versenden. Aus Gründen des Datenschutzes und Anstandes verbietet es sich jedoch, einen Verteiler zum Beispiel für einen Info-Newsletter einfach so für ein weiteres Angebot dauerhaft zu übernehmen. Gestalten Sie Ihre Newsletter-Infoseite auf der Gemeindewebseite am besten so, dass sowohl eine Auswahloption für das Abonnement *aller* ihrer Newsletter als auch die Möglichkeit, einzelne Newsletter auszuwählen, gegeben ist. Stellen Sie auf dieser Seite auch Beispielausgaben ein, so dass sich potentielle Leser:innen über Art und Umfang des Newsletters informieren können, bevor sie einem Empfang zustimmen. Übrigens: Es gibt Gemeindemanagement-Systeme auf dem Software-Markt, die Gemeindeverwaltung, Webseite und Newsletter-Angebot hervorragend integrieren und in der Praxis darum viele Ressourcen sparen helfen.

Newsletter für Ehren- und Hauptamtliche

Neben der Newsletter-Kommunikation mit den Gemeindemitgliedern sowie Gästen und Interessierten wächst die Bedeutung von Newslettern für die Organisation der Zusammenarbeit mit Ehren- und Hauptamtlichen in Kirchengemeinden, Kirchenkreisen, Landeskirchen und Bistümern. Es gibt inzwischen Newsletter, die sich an Lektor:innen, Prädikant:innen, Friedhofsbeauftragte, Jugendmitarbeiter:innen und selbstverständlich auch Pfarrer:innen richten. Tun Sie sich und denjenigen, die diese Newsletter erstellen, einen Gefallen und reproduzieren Sie deren Erzeugnisse nicht noch einmal! Ihre Ressourcen sind anderswo besser eingesetzt. Weisen Sie die Ehren- und Hauptamtlichen in Ihrer Gemeinde vielmehr auf bestehende Angebote hin, auch wenn diese auf anderen Ebenen Ihrer Kirche entstehen. Und: Liefern Sie den Newsletter-Autor:innen dort doch bei Gelegenheit Material aus Ihrem Sprengel oder Ihrer Pfarrei an!

Newsletter bieten sich als kostengünstige und ressourcensparsame Alternative und Ergänzung zum gedruckten Gemeindebrief an. Jede Kirchengemeinde sollte zumindest einen Newsletter für die Information der Gemeindemitglieder anbieten. Darüber hinaus birgt das Newsletter-Format weitere Chancen, um mit interessierten Leser:innen in Kontakt zu treten und ihnen die Gute Nachricht weiterzusagen.

Podcast

Warum hören so viele Menschen Radio? Im Jahr 2023 gab es laut Statista 32 Millionen tägliche Radiohörer:innen in Deutschland. Die Hörer:innen-Zahlen des linearen Radioprogramms gehen zwar stark zurück (2019: 36 Millionen), aber sind nach wie vor sehr hoch. Besonders hohes Vertrauen unter den Hörer:innen genießen die Sender des Öffentlich-Rechtlichen Rundfunks mit ihrem Informations- und Kulturangebot. Zur linearen Ausstrahlung, also Radio über den Hörfunk und Livestreams nach Sendeschema, sind in den vergangenen Jahren Podcasts getreten: Audio-Sendungen, die in Apps und auf Webseiten zur *zeitsouveränen Nutzung* bereitgestellt werden. Nutzer:innen entscheiden selbst, wann sie diese Inhalte hören oder sehen wollen.

Podcasts werden, anders als das laufende Radioprogramm, häufiger über Kopfhörer gehört. Was auf den ersten Blick trivial erscheint, birgt für die kirchliche Kommunikation große Chancen: Selten kommen Sie als Sprecher:innen Menschen so nahe wie durch Ihre Stimme, die Hörer:innen direkt am Ohr haben! Podcasts sind darum eine sehr persönliche Kommunikationsform. Beachten Sie dies bei der Gestaltung! Wie möchten Sie gerne im persönlichen Gespräch angesprochen werden?

Ihre Hörer:innen finden Podcasts über Ihre Gemeindewebseite und auf Podcast-Plattformen. Es ist nicht notwendig, die Audio-Dateien auf Ihrem eigenen Server bereitzustellen. Achten Sie allerdings darauf, Ihre Audio-Produktionen nicht allein auf abgeschlossenen Streaming-Plattformen wie Apple Podcasts, Amazons Audible oder Spotify zur Verfügung zu stellen, sondern immer auch barrierearm und ohne Zugangsbeschränkungen auf Ihrer Webseite. Es stehen für das Audio-Hosting und die darauf folgende Einbindung von Playern auf Webseiten in Deutschland zahlreiche Dienste zur Verfügung. Achten Sie auf einen möglichst datensparsamen und datenschutzfreundlichen Dienst. Mini-Podcasts können sehr gut auch direkt als „Sprachnachrichten" in Messenger-Apps an die Hörer:in gebracht werden!

Podcasts, Videos und Webseiten sind tatsächlich die wichtigsten Medienangebote einer Kirche zur zeitsouveränen Nutzung. Mit ihrer Hilfe können Sie Menschen erreichen, die nie oder nur sehr selten im Gottesdienst oder bei Gemeindekreisen und -veranstaltungen auftauchen. Nur weil jemand es nicht zum Sonntagsgottesdienst schafft oder die analogen Angebote der Gemeinde nicht zu ihrem Lebensstil oder den persönlichen Interessen passen, muss man nicht vom Gemeindeleben ausgeschlossen werden!

Die Gründe für die Abwesenheit „im Fleische" sind vielfältig und reichen von Stress und Zeitnot bis hin zur mangelnden Barrierefreiheit in unseren Kirchen. Nehmen Sie nicht von vornherein an, dass fernbleibende Gemeindemitglieder der Gemeinde und dem Glauben per se desinteressiert gegenüberstehen! In unserer mediatisierten Gesellschaft sind wir an die zeitsouveräne Nutzung von Medien gewohnt. Geben Sie den Menschen in Ihrer Gemeinde die Möglichkeit, ihren Glauben dann zu leben, wann sie es für richtig halten.

Das Podcast-Studio

Für die Zwecke einer Kirchengemeinde unterscheiden wir zwischen zwei Produktionshöhen:

- Bei Podcasts im engeren Sinne handelt es sich um längere Audio-Sendungen, zumeist Gespräche zwischen mehreren Sprecher:innen, die sich mit einem Thema befassen. Häufig besteht ein Podcast aus mehreren Episoden zu einem Thema, in denen verschiedene Aspekte oder Beispiele erklärt und diskutiert werden. Inzwischen gibt es eine unüberschaubare Vielfalt unterschiedlicher Podcast-Formate vom tagesaktuellen Nachrichten-Hintergrund über die beliebten True-Crime- und Krimi-Formate bis hin zu nischigen Themenpodcasts. Solche Podcast-Serien werden im Kontext von Kirchengemeinden von hochengagierten und begeisterten Ehren- und Hauptamtlichen erstellt, für die Podcasts (mehr als) ein Hobby sind. Wenn Sie im Kreise der Gemeindemitarbeitenden solche Menschen haben, schätzen Sie sich glücklich und unterstützen Sie sie dabei, Ihre Kompetenz und Begeisterung einzubringen!
- Mini-Podcasts hingegen sind im Vergleich dazu wesentlich kürzer und beschränken sich auf wenige Gedanken, die den Hörer:innen vermittelt werden. Sie können in der Kirchengemeinde schnell und flexibel zum Einsatz kommen, weil sie unkompliziert produziert werden können. Beispiele für solche Mini-Podcast-Serien sind zum Beispiel Audio-Adventskalender oder -Fastenbriefe, Sonntagsgrüße oder Mini-Andachten zum Wochenbeginn etc.

Für die Produktion von Mini-Podcasts genügen Produktionsmittel, die in vielen Haushalten ohnehin vorhanden sind. Seit der Corona-Pandemie finden sich auf vielen Schreibtischen gute Headsets für Online-Meetings. Die Mikrofone dieser Headsets sind qualitativ für die Produktion von Podcasts zumeist ausreichend. Wollen Sie die Audio-Qualität Ihrer Podcasts weiter steigern, dann investieren Sie am besten in eines der Einsteigermodelle bekannter Mikrofonhersteller. Für den Schnitt und die Postproduktion Ihrer Podcasts gibt es kostenlose und Open-Source-Software, die gerade Neueinsteiger:innen teuren und elaborierten Produktionsprogrammen vorziehen sollten. Große Programme liefern hunderte von Einstellungsmöglichkeiten und Werkzeuge mit, die Sie im Alltag nicht benötigen. Das kostenlose Audio-Schnittprogramm Audacity reicht für gemeindliche Zwecke völlig aus. Es ist nicht notwendig, in teure Hard- und Software zu investieren!

Beachten Sie bei der Produktion von Podcasts die Hinweise zum Arbeiten in Projekten, um die beteiligten Haupt- und Ehrenamtlichen nicht zu überfordern.[51] Für den Schnitt und die Postproduktion einer Podcast-Episode müssen Sie mindestens die dreifache Zeit veranschlagen, die eine Podcast-Episode lang ist. Die Zeit Ihrer Hörer:innen ist ebenso kostbar wie die der Produzent:innen. Auch wenn sich die sprichwörtlich gewordenen „Laberpodcasts" immer noch großer Beliebtheit erfreuen: Halten Sie bei der Länge Ihrer Podcast-Episoden Maß! Fragen Sie bei den Hörer:innen nach, welche Episodenlänge sie sich wünschen und handeln Sie danach.

Podcast als Zweitverwertung

In unseren Kirchengemeinden entstehen jede Woche Inhalte, die prinzipiell auch als Podcast versendet werden können. Die Arbeit, die Prediger:innen in die Vorbereitung einer Predigt oder Andacht investieren, kann durch eine zweite Nutzung (Zweitverwertung) neben dem analogen Gottesdienst als Podcast größere Resonanz finden. Predigten und Andachten lassen sich unkompliziert einsprechen und auf der Gemeindewebseite zur Verfügung stellen. Vermeiden Sie es bitte, längere Audios direkt in Messenger-Gruppen zu posten. Nur wenige Menschen bringen genügend Toleranz

51 Siehe Kapitel 2 - Life-Hack: Projektbezogen Arbeiten auch im Netz.

dafür auf, im Alltag unvermittelt zugepredigt zu werden, ganz zu schweigen vom notwendigen Datenvolumen, das auch nicht allen Menschen unbegrenzt zur Verfügung steht.

Vielen Menschen fällt es schwer, den Inhalt von schriftlichen Texten zu erfassen. Stellen Sie deswegen Ihre Predigten, Andachten oder längere Texte auch als Audio-Dateien auf Ihre Webseite. Beim Einsprechen von Texten bemerkt man übrigens häufig, wie kompliziert sie tatsächlich formuliert sind. Nutzen Sie den Formatwechsel auch dazu, die Formulierung Ihrer Texte insgesamt zu verbessern.

Da ist Musik drin!

Als Kirchengemeinde sind sie gegenüber anderen Podcast-Produzenten im Vorteil! Wegen der komplizierten Rechtslage müssen Podcasts im deutschsprachigen Raum nämlich weitgehend auf den Einsatz von (guter) Musik verzichten. Die Jingles von Podcasts sind nicht selten deswegen Bearbeitungen von lizenzfreier Musik oder musikalischen Werken unter Creative-Commons-Lizenzen. Auch Sie können sich selbstverständlich solcher Musik bedienen! Als Kirchengemeinde sind sie allerdings in der komfortablen Lage, für den kirchlichen Gebrauch auch viele andere musikalische Werke nutzen zu können, weil Sie unter dem Schirm der kirchlichen Rahmenverträge mit den Rechteinhabern operieren.

Nutzen Sie in Ihren Podcasts die Kraft der Musik, egal ob es sich um Kirchen- oder Popmusik von professionellen Musiker:innen oder die Ergebnisse der Probenarbeit Ihrer Chöre, Bands und Ensembles in der Kirchengemeinde handelt. Wie toll wäre es, wenn auch Gemeindemitglieder, die es nicht zum adventlichen Chorkonzert geschafft haben, so einen Eindruck von der Begeisterung der Mitwirkenden erhalten!

Nutzen Sie die Chancen von Audio-Formaten für die Kommunikation des Evangeliums in Ihrer Kirchengemeinde: Lassen Sie von sich hören und kommen Sie den Menschen mit Podcasts nahe. Begleiten Sie interessierte Hörer:innen mit Mini-Podcasts im Alltag und stellen sie Texte aus der gemeindlichen Werkstatt als Audios auf Ihrer Webseite zur Verfügung, um so noch mehr Menschen zu erreichen und wenigstens ein paar der Barrieren durchlässig zu machen, die gelingender Kommunikation in unseren Kirchen häufig im Wege stehen.

Video

Das lineare Fernsehen ist im deutschsprachigen Raum nach wie vor das beliebteste Unterhaltungs- und Informationsmedium, wenngleich es in den jüngeren Alterskohorten vom Internet und von Streaming-Diensten abgelöst wird. Auch bis ins hohe Lebensalter hinein nutzen Menschen inzwischen Mediatheken, um Bewegtbild zu konsumieren. Bewegte Bilder bewegen uns. Die Wirkung, die Videos bei uns Menschen entfalten, kann kaum überschätzt werden. Die Bildwelten von Kino und Fernsehen nehmen uns gefangen, wir tauchen ab in fremde Welten, werden in entlegene Weltregionen entführt und nehmen Anteil am Leben von Menschen, die uns eben noch ganz fremd waren.

Nutzen Sie Videos in Ihrer Kirchengemeinde *gezielt* und *strategisch*, um mit Menschen in Verbindung zu treten. Eine geeignete Verwendung von Videos stellt zum Beispiel die Präsentation von Kirchengemeinde, Mitarbeitenden und Kirchengebäuden auf der Gemeindewebseite dar. Aber auch in der Verkündigung, insbesondere auf Social-Media-Plattformen, spielen Bewegtbildinhalte eine wichtige Rolle.

Das Video-Studio

Für die Zwecke einer Kirchengemeinde unterscheiden wir zwischen zwei Produktionshöhen:

- Längere Filme und Video-Aufnahmen von Gottesdiensten, Gemeindefesten und -veranstaltungen sowie thematische Verkündigungssendungen: Die Investition von Geld, Zeit und Kraft in solche Video-Produktionen sollte in jedem Fall gut zuvor überlegt werden. Zielen Sie mit Ihren Produktionen nicht auf eine große Reichweite auf Social-Media-Plattformen, die Sie in den allermeisten Fällen sowieso nicht erreichen können, sondern auf die Interessen und Bedürfnisse der Menschen vor Ort. Was wollen und können Sie aus Ihrem Gemeindeleben mit Hilfe von Videos so präsentieren, dass Menschen in Ihrer Kirchengemeinde und ihrem Umfeld davon einen Nutzen haben? Wenn Sie auf diese Weise einige Highlights des Gemeindelebens digital vermitteln wollen, lohnt sich der Einsatz von professioneller Hilfe.
- Kurze Videos für den Gebrauch auf Social-Media-Plattformen und im Messenger: Anders als bei längeren Videos und Filmen sind hier die Erwartungen der Nutzer:innen an die Produktionshöhe deutlich niedriger. Das verringert auch den Produktionsaufwand und damit auch den Ressourceneinsatz. Die Kameras gängiger Smartphones reichen völlig aus, um sich selbst oder Mitarbeitende ins rechte Licht zu setzen. Nutzen Sie die Möglichkeit der direkten Ansprache in Video-Kurzbotschaften, zum Beispiel um in Messengern zu Veranstaltungen einzuladen oder für kurze spirituelle Impulse auf Social-Media-Kanälen. Viele Menschen haben Schwierigkeiten schriftliche Texte zu verstehen. Darum ist es eine gute Idee, zu längeren Texten auf der Gemeindewebseite auch Videos einzustellen.

Für die Veröffentlichung von Videos hat sich die Nutzung von YouTube so sehr etabliert, dass ein Verzicht auf die Google-Plattform fast unmöglich erscheint. Sie müssen Videos nicht auf Ihrem eigenen Server hosten, sondern können dafür YouTube oder ein Konkurrenzprodukt nutzen. Dort stehen Ihnen auch Funktionen wie die automatische Generierung von Untertiteln und Verschlagwortung zur Verfügung.

Für die Bereitstellung von Videos, die auf der Gemeindewebsite eingebunden und auf Social-Media-Plattformen geteilt werden können, ist ein einziger Gemeinde-Account durchaus zweckmäßig. Wichtig: Der YouTube-Algorithmus „straft" genauso wie der von Instagram Accounts ab, die nicht monothematisch senden. Das heißt: Kirchengemeinde-Konten, auf denen mal ein Gottesdienst, mal ein Video vom Gemeindefest, mal ein Erklärfilm der Pastorin und mal die Stop-Motion-Filme aus der Konfirmandenarbeit zu sehen sind, werden reichweitentechnisch benachteiligt und finden sich sehr, sehr selten unter den automatisch generierten Empfehlungen der Plattform wieder.

Das spielt aber nur in den allerseltensten gemeindlichen Anwendungsfällen überhaupt eine Rolle: Im Gemeindekontext fungiert YouTube als Host für Bewegtbildinhalte, nicht als Maschine um Viralität zu erzeugen. Solange Sie die Videos auf Ihrer Webseite einbinden und zum Beispiel per Messenger oder Newsletter an Ihre Zielgruppen weitergeben können, erfüllt das Gemeindekonto auf YouTube seinen Zweck. Weil die Möglichkeit viral zu gehen, für Gemeinden tatsächlich gegen Null tendiert, können Sie natürlich auch gleich ein YouTube-Konkurrenzprodukt nutzen, zum Beispiel Vimeo oder PeerTube.

Welche Formate sind zielführend?

Während der Corona-Pandemie von 2020 bis 2022 haben viele Kirchengemeinden den Versuch unternommen, das analoge Gemeindeleben in digitale Formate zu überführen. Herausgekommen sind dabei vor allem Video-Gottesdienste. Diese Videos wurden entweder als Zweitnutzung von Livestreaming-Gottesdiensten oder direkt als Gottesdienst-Film produziert. Für die liturgisch Handelnden stellte das Nebeneinander von digitaler und analoger Sendung des Gottesdienstes eine erhebliche Herausforderung dar. Es gab an den Erzeugnissen der Kirchengemeinden auch viel Kritik.

Wir Autoren meinen aber, dass diese Kritik häufig die falschen Adressaten gefunden hat und obendrein von kulturpessimistischer Nörgelei manchmal nicht zu unterscheiden war. Wenn es Ihnen durch Gottesdienst-Aufnahmen gelungen ist, während der Zeit der Kontaktbeschränkungen mit Ihren Gemeindegliedern gemeinsam auf Gottes Wort zu hören, Gottesdienst zu feiern und beieinander zu bleiben, haben diese Formate ihr Ziel erreicht – egal wie toll und professionell sie produziert wurden.

Unter Normalbedingungen stellen Gottesdienst-Videos allerdings nur eine Ergänzung zum analogen gottesdienstlichen Leben in unseren Kirchengemeinden dar. Mit den Fernsehgottesdiensten stehen auch professionell produzierte Konkurrenzprodukte zur Verfügung, mit denen einzelne Kirchengemeinden nicht mithalten können. In einigen Regionen werden die während der Pandemie angeschafften und erprobten Produktionsmittel aber weiterhin für Gottesdienst-Videos und -Livestreams genutzt. Unser Eindruck: Wenn sich dazu mehrere Kirchengemeinden in einer Region zusammentun, kann das gelingen und stellen solche digitalen Gottesdienstformate eine wertvolle Ergänzung zum analogen Gottesdienstleben dar. Nicht zuletzt werden diese Videos auch von Menschen gesehen, die aus gesundheitlichen Gründen nur am virtuell vermittelten Gemeindeleben teilnehmen können. Dass auch sie Teil unserer Gemeinden sind, haben wir während der Pandemie doch zumindest zeitweise gelernt.

Die Zweitverwertung von Gottesdienst-Livestreams birgt allerdings Probleme: Die Liturgie des Gottesdienstes und die Dramaturgie von Livestreams entsprechen eher nicht unseren Video-Sehgewohnheiten, die am linearen Fernsehen und zunehmend auch an viel kürzeren und schnelleren Internet-Videos geschult sind. Wenn es aber in Ihren Gemeinden Menschen gibt, die ein solches Angebot wertschätzen, dann bleiben Sie dran!

Für eine originäre Video-Produktionskette in Ihrer Kirchengemeinde empfehlen wir Ihnen allerdings, sich auf die Herstellung von kürzeren und monothematischen Videos zu konzentrieren. Das können die oben bereits erwähnten Vorstellungsvideos sein, aber auch spirituelle und theologische Impulse. Was die Länge der Beiträge angeht, müssen Sie sich wohl oder übel an den Plattformkonventionen von Instagram, TikTok und YouTube orientieren, wenn sie dort nicht untergehen wollen. Das betrifft vor allem solche kurzen Video-Ansprachen, die direkt in den Instagram-Reels oder im Feed bei TikTok auftauchen sollen. Am YouTube-Algorithmus vorbeizuarbeiten, der im Moment (Stand: Herbst 2023) Videos von circa 10 Minuten Länge gegenüber kürzeren Videos bevorzugt, ist allerdings sehr wohl möglich, wenn Sie sich ohnehin auf die gemeindliche und lokale Nutzung von Bewegtbildinhalten konzentrieren. Werden Sie experimentierfreudig und lassen Sie sich von den Wünschen der Social-Media-Plattformen nicht unnötig einschränken!

Für die Postproduktion von Videos müssen Sie ein vielfaches der Zeit einplanen, die das Video dauert. Berücksichtigen Sie dies bitte bei der Planung von Video-Projekten. Eine dauerhafte Video-Produktion im Gemeindekontext erscheint uns überhaupt nur als Projektarbeit möglich zu sein. Koordinieren Sie Ihre Absichten daher auch mit Medienbeauftragten etc. auf den anderen Ebenen Ihrer Landeskirchen und Bistümer. In unseren Kirchen werden an vielen Orten zugleich Ressourcen für ähnliche Zwecke eingesetzt. Das Paradigma des Mitlebens in der Digitalität verspricht demgegenüber, dass wir eben nicht alleine vor uns hin arbeiten müssen.[52]

---

52 Siehe Kapitel 2 - Life-Hack: Projektbezogen Arbeiten auch im Netz.

Sinnfluencen auf Social-Media-Kanälen

Überlassen Sie die beständige und engmaschige Lebensbegleitung von Social-Media-Communities am besten denjenigen Fachkräften, die Ihre Bistümer und Landeskirchen dafür beauftragt haben. Christliche und kirchliche Influencer:innen, sogenannte Christ- oder Sinnfluencer:innen, finden sich in den deutschsprachigen Bubbles auf Instagram und YouTube inzwischen reichlich. Darunter auch durchaus reichweitenstarke Formate von Bistümern und Landeskirchen, die hoch verantwortlich im Sinne der Kommunikation des Evangeliums und ihrer kirchlichen Dienstgeber wirken. Um auf Social-Media-Plattformen überhaupt noch größere Reichweiten erzielen zu können, müssen Influencer:innen heute gezwungenermaßen Videos produzieren – und das in hoher Frequenz und Qualität. Daran scheitern selbst viele der von den Kirchen dafür extra beauftragten Menschen.

Mit deren Output und Produktionshöhe Schritt zu halten, ist Kirchengemeinden und ihren Hauptamtlichen üblicherweise nicht möglich. Kommunizieren Sie statt mit einer (erst neu zu schaffenden) Online-Community lieber mit Ihrer lokalen Gemeinde – aber eben digital im Netz. Wir Autoren haben in den vergangenen Jahren tatsächlich mehrmals beobachten können, dass auf das lokale Gemeindeleben zugeschnittene Inhalte dann doch ohne weiteres Zutun einen größeren Personenkreis via Social Media erreicht haben. Verstehen Sie solche Vorfälle als das, was sie sind: Eine glückliche Fügung mannigfaltiger Umstände, und nicht als Ausweis besonderer Produktionsqualität. Umgedreht bedeutet eine kleine Online-Zuschauer:innenzahl nicht, dass Ihre Videos schlecht wären!

Haupt- und ehrenamtliche Video-Produzent:innen

Sollten in Ihrer Gemeinde Hauptamtliche tätig sein, die sehr gerne, häufig und kompetent via Video auf Social-Media-Plattformen kommunizieren, können Sie deren Kompetenzen allerdings nutzen und wertschätzen. Gegebenenfalls ist es auch notwendig, diesen Teil ihres Verkündigungsdienstes in die Dienstvereinbarung und Stellenbeschreibung aufzunehmen, um eine langfristige Arbeit sicherzustellen. Achten Sie darauf: Auch der digitale Verkündigungsdienst ist selbstverständlich Arbeit und kostet Zeit und Kraft. Wer im Auftrag der Kirchengemeinde als Kirchenmusiker:in, Prediger:in oder Gemeindepädagog:in regelmäßig Videos produziert, muss an anderer Stelle entlastet werden.

Gerade Jugendliche und junge Menschen nutzen die Video-Funktionen ihrer Smartphones und von Social-Media-Plattformen heute selbstverständlich, um miteinander in Kontakt zu treten, sich auszuprobieren und auch um Schabernack zu treiben. In einer solchen Mediennutzung verwirklichen sich die Grundformen der Digitalität.[53] Die auf diesem Wege erworbenen Kompetenzen junger Menschen können in die Konfirmand:innen- und Jugendarbeit der Kirchengemeinde eingebracht, vertieft und reflektiert werden. Voraussetzung dafür ist, dass die Mediennutzung junger Menschen nicht von vornherein als falsch oder schädlich abqualifiziert wird. Lernen Sie viel mehr von den jungen Menschen und laden Sie sie zur Mitarbeit in der Kirchengemeinde ein!

Videos stellen eine hervorragende Möglichkeit dar, mit Menschen in Ihrer Gemeinde und Interessierten in Kontakt zu treten. Machen Sie sich die Macht bewegter Bilder für den Verkündigungsdienst zu Nutze! Achten Sie dabei darauf, dass der Produktionsaufwand und der Nutzen für die Kommunikation der Kirchengemeinde in einem guten Verhältnis zueinander stehen, um Überforderung von Ehren- und Hauptamtlichen zu vermeiden.

53 Siehe Kapitel 1 – „Kultur der Digitalität“ (Felix Stalder).

Livestream

Beim Thema Livestream gibt es eine ganz klare Zäsur: das Corona-Jahr 2020. Im März 2020 wurden alle traditionellen Oster-Gottesdienste abgesagt und die Kirchgemeinden stellten sich die Frage: Was machen wir jetzt? Neben zahlreichen Draußen-Formaten, die innerhalb der Grenzen der Kontaktbeschränkungen der Covid-19-Pandemie möglich waren, wandten sich fast alle Kirchengemeinden den Möglichkeiten des digitalen Livestreams zu, um die Präsenz im Hier und Jetzt ins Digitale zu bringen.

Wir wissen das ziemlich genau, weil es eine breit angelegte Studie gibt, die diese Entwicklung untersucht hat: Churches Online in Times of Corona (CONTOC). Mehr als 3.000 Hauptamtliche aus Gemeinden in katholischen Bistümern und evangelischen Landeskirchen haben sich im ersten Untersuchungszeitraum vom 29. Mai bis 12. Juli 2020 an der wissenschaftlichen Befragung beteiligt. Fünf Universitäten und Hochschulen aus Deutschland und der Schweiz und das Sozialwissenschaftliche Institut der EKD haben die Studie gemeinsam umgesetzt. Die Autor:innen fassen die Ergebnisse selbst prägnant so zusammen:

„Wir leben in Zeiten, in denen die Digitalisierung zum Normalfall geworden ist und man sich mit ihr konkret auseinandersetzen muss, anstatt darüber zu streiten, ob sie generell als globaler Prozess zu bekämpfen ist. Die Befragten nutzen in großen Teilen digitale Medien oder schätzen die Nutzung anderer in der Kirchen- bzw. Pfarrgemeinde arbeitenden Personen als produktiv für die kirchliche Kommunikation ein. Zugleich wird Bedarf angezeigt für eine theologische Reflexion kirchlicher Praxis, und zwar je mehr man digital kommunizierte. 95% der Befragten haben während des ersten Lockdowns erstmals einen Gottesdienst gestreamt. Hier wurde also in der Breite ein neues Format für die Gemeindearbeit getestet.“[54]

54 https://contoc.org/de/ergebnisse-contoc-de/ (zuzletzt abgerufen am 29.11.2023.)

Für den Livestream aus der Kirche sind zwei Bereiche entscheidend. Erstens: Wie mache ich das? Zweitens: Warum mache ich das, was zeige ich und für wen?

Die Technik

Was ist mit Livestream eigentlich gemeint? Grundsätzlich ist ein Livestream die Übertragung von Bewegtbild über einen digitalen Kanal, den sich Menschen *zeitsynchron* anschauen und dabei miteinander interagieren können. Auf manchen Plattformen wird im Anschluss die Aufnahme des Livestreams auch zum nachträglichen Anschauen automatisch zur Verfügung gestellt. Live streamen geht heutzutage ziemlich einfach: Smartphone an, los geht's!

Ganz so einfach ist es dann doch nicht, wenn man ein bisschen mehr Qualität auf die Bildschirme bringen möchte. Mindestens ein Handgriff oder ein Stativ mit Smartphone-Halterung und ein externes Mikrofon sollten als Hardware schon mit dabei sein, das ist das Minimum. Wer eine Maximal-Lösung sucht, kann für mehrere Kameras und Stative, kleine oder große Regie-Mischpulte, ein paar Videoleuchten, Funkmikrofone und den Laptop dazu viel Geld ausgeben. Allerdings ist die Technik inzwischen so weit vereinfacht, dass auch die Geräte für die „Alltags-Streamer" erschwinglich geworden sind und im Vergleich zu professioneller Ausrüstung ein konkurrenzfähiges Resultat erzielt werden kann.

Wer mit Profis im Video- und Streaming-Bereich redet, bekommt immer die gleiche Antwort: Die Videoqualität ist wichtig, die Audioqualität aber noch wichtiger. Ein Weg zu gutem Audio sind so genannte Audio-Interfaces, die auch Mikrofone per XLR-Kabel anschließen können. Weil das Live-Streamen im Bereich Videospiele inzwischen zu einem eigenen Beruf geworden ist, gibt es dutzende Varianten für die Kombination aus Kamera, Audio-Interface und Streaming-Software. Die Technik entwickelt sich zudem immer weiter.

Wer nach „Streaming-Setup“ googelt, findet eine Vielzahl an kompetenten Anleitungen und Ideen, wie sich alle möglichen Produktionsumfelder umsetzen lassen – egal ob unterwegs, zu Hause, im Studio oder in der Kirche. Wer sich beraten lassen möchte, kann sich außerdem an kirchliche Profi-Anbieter wie den Evangelischen Kirchenfunk Niedersachsen, den Mediendienst kirche.media aus Bramsche oder an die jeweiligen Medienhäuser der Landeskirchen und Bistümer wenden. Auf jeden Fall lohnt es sich, bei den eigenen Konfirmand:innen, Firmlingen und jungen Erwachsenen nachzufragen, ob jemand von ihnen bereits Erfahrung mit Streaming-Technik gesammelt hat – die Chance darauf ist hoch.

Da die meisten Kirchen bereits eine kompetente Audio-Anlage haben, ist der zusätzliche Aufbau einer Kamera und deren Anschluss an einen Laptop mit Livestreaming-Software in der Regel gut machbar. Heutzutage ist die Open-Source-Software OBS – Open Broadcasting Software am weitesten verbreitet. Sie ist kostenlos verfügbar und fast alle Wünsche in Sachen Livestream-Umsetzung, Veröffentlichung und Regie werden von ihr erfüllt.

Die Entscheidung, ob man vom Smartphone auf eine separate Kamera aufrüsten möchte, hängt vor allem an der Frage, über welche Plattform der Stream laufen soll. Wer auf Instagram oder TikTok live geht, ist mit dem Smartphone gut bedient. Die Formate auf beiden Plattformen sind in der Regel hochkant gefilmt, das Publikum guckt sowieso auf dem Handy zu und die integrierten Möglichkeiten der Plattformen bieten alles, was man zum Streamen braucht.

Wer über Twitch, YouTube oder Discord oder interaktiv auf Zoom (oder anderen Videokonferenzplattformen) streamt, ist in der klassischen horizontalen Bildwelt des Fernsehens unterwegs und kann sich darauf einstellen, dass das Video auch im Anschluss nutzbar ist. Twitch und Discord speichern nicht automatisch eine Kopie ab. YouTube dagegen bietet als universale Videoplattform den Livestream hinterher auch als abrufbares Video an.

Die technischen Fragen sind grundsätzlich gelöst. Livestreaming ist kein Bereich mehr, der nur Profis zugänglich ist. Vor der

Corona-Pandemie war ein Livestream eine Nischen-Kompetenz technisch affiner Gemeindegruppen – nach Corona ist es ein Standard-Werkzeug im Werkzeugkasten der Möglichkeiten.

Die Inhalte

Aber was streame ich denn jetzt? Im Corona-Livestream-Hype war die Standardform einfach der Sonntagsgottesdienst, zu dem aufgrund der Hygienevorschriften niemand mehr oder nur wenige Gemeindemitglieder kommen durften. Statt alle Menschen auf den ZDF-Fernsehgottesdienst zu verweisen, haben die Pastor:innen sich selbst vor die Kamera gestellt und ihre Gottesdienste ins Internet übertragen.

Das war für die Ausnahme-Situation in der Covid-19-Pandemie in Ordnung, denn der Livestream war ein Direkt-Ersatz der fehlenden Vor-Ort-Gottesdienste. Mit dem Ende der Beschränkungen kam auch das Ende der Alternativlosigkeit. Zwar haben sehr viele Gemeinden gelernt, wie das Livestreamen funktioniert, aber die Zuschauer:innen hatten wieder Alternativen. Das einfache Abfilmen eines regulären 55-Minuten-Gottesdienstes hat seinen Reiz komplett verloren.

Wer heute Livestreams anbietet, muss die Form passend zur Plattform und zum Publikum wählen. Vor den Livestream-Bildschirmen sitzt ein anderes Publikum, als es physisch in den Kirchenbänken anzutreffen ist. Ob mir die streamende Person sympathisch ist und ob die Inhalte jetzt gerade in mein Leben passen, ist der Schlüssel für das Ein- oder Abschalten. Gerade der Gottesdienst mit regulärer Liturgie am Sonntagmorgen ist als Livestream-Format eigentlich ungeeignet, denn er bietet keine gute Option zur Beteiligung des Online-Publikums, ist sehr lang und findet nicht zu einem typischen Livestream-Zeitfenster im Tageslauf statt.

Die Länge der Inhalte ist abhängig von der Aufmerksamkeitsspanne, die auf den Plattformen eingeübt ist, aber auch vom Format. Als Faustregel gilt: So lange, wie es spannend ist, kann auch gestreamt werden, aber fast niemand wird von Anfang bis Ende dabei bleiben, egal ob ein Stream nur zehn Minuten dauert oder 24 Stunden. Für Online-Gottesdienste hat sich ca. 20 Minuten als gute Länge herausgestellt, aber das lässt sich nicht auf jedes Format übertragen.

„Live" bedeutet authentisch, persönlich, ungefiltert im Hier und Jetzt. Das braucht in jedem Fall eine eigene Vorbereitung. Wie kann eine Gemeinde ein Livestream-Format entwickeln?

Ein Weg ist, zusätzliche Menschen zu finden, die den Livestream-Kanal selbst eigenständig bespielen. Dann gibt es den Livestream tatsächlich als zusätzliches Angebot mit eigenem Charakter, eigenen Inhalten, eigenen Zeitpunkten. Die Evangelische Kirche Berlin-Brandenburg-Schlesische Oberlausitz (EKBO) hat das beispielsweise unter der Leitung von Online-Pfarrerin Theresa Brückner mit dem Format „Brot & Liebe"[55] getan. Dort wird zweimal im Monat komplett digital Gottesdienst gefeiert. In der Kombination von Sinnfluencer:in und digitalem Gottesdienst verwirklicht sich hier eine kirchliche Gemeinschaftsform, die tatsächlich zutreffend als Online-Gemeinde beschrieben werden kann. Auch dieses Format ist eine Form des Livestreams, auch wenn es über Zoom bespielt wird – nur dass das Publikum eben nicht nur über den Textchat interagiert, sondern mit Ton und Kamera selbst dabei sein kann.

Ein anderer Weg ist, ein hybrides Format zu wählen und die bestehenden Vor-Ort-Formate live zu streamen, aber separat zu begleiten. Am Beispiel eines Gottesdienstes könnte das zum Beispiel so aussehen: Eine Person steht separat als Online-Moderator:in zur Verfügung und interagiert mit den Online-Besucher:innen. Die Predigt des regulären Gottesdienstes aus der Kirche wird der zentrale Teil beider Formate. Der Livestream beginnt erst zehn Minuten vor der Predigt mit einer eigenen Einleitung, schaltet für die Predigt live in die Kirche und danach wieder in den Online-Stream. Dort können sich die Menschen im Chat oder per Videokonferenz über die Predigt austauschen und den Livestream passend wieder been-

55 https://www.brot-liebe.net/ (zuletzt abgerufen am 29.11.2023).

den. In hybriden Formaten muss man darauf achten, dass die online Teilnehmenden als eigene Gruppe gleichwertig berücksichtigt werden und nicht nur als passive Zuschauer:innen einfach da sind – sonst kommen sie nämlich nicht wieder.

Ein weiterer Weg ist, die gleiche inhaltliche Vorbereitung für unterschiedliche Formate zu verwenden. So entsteht mehr Kontaktfläche aus der gleichen Arbeit und der Aufwand hält sich in Grenzen, während mehr Menschen erreicht werden können als ohne digitale Komponente. So machen es beispielsweise Pfarrerin Heike Blikslager und ihr Team von der Evangelisch-reformierten Gemeinde München I:

Vor dem regulären Gottesdienst machen sie eine kleine Andacht, die das gleiche Thema hat wie der Gottesdienst, aber nur ein paar Minuten lang ist und von Pfarrerin Blikslager direkt in die Kamera gesprochen wird. Das Ergebnis geht als Livestream auf YouTube und Instagram oder auch als Aufnahme, die anschließend als „Premiere"-Video auf dem YouTube-Kanal veröffentlicht wird und damit ebenfalls den Charakter des Aktuellen bekommt. Der Vorteil dieser Variante ist, dass eine misslungene Aufnahme einfach wiederholt werden kann.

Für einen Livestream müssen die technische und inhaltliche Qualität gut sein. Die Wahl der Plattform (Instagram, TikTok, YouTube, Twitch, Discord, Zoom) hängt davon ab, wo Sie sich wohlfühlen und ob Sie mit Ihren Inhalten dort tatsächlich Menschen erreichen. Welche Uhrzeit sich am besten eignet, erfahren Sie nur durch Ausprobieren. Das Publikum kann von überall kommen (wir erinnern uns: Auflösung von Grenzen!), und Sie müssen für sich klären, ab wie vielen Besucher:innen Sie ein Format regelmäßig machen möchten.

Kapitel 6:

Gemeindeverwaltung digitalisieren

Der sichtbarste Bereich des Arbeitens in der Digitalität sind die diversen nach außen gerichteten Kommunikationskanäle. Für alle Menschen, die sich mit internen Abläufen und Verwaltungsvorgängen beschäftigen, stellt sich zusätzlich dazu die Frage: Wie sieht ein digitales Büro eigentlich aus, und warum brauche ich das?

Das „Wie?" ist für jeden Bereich der Gemeindearbeit unterschiedlich, aber auf das „Warum?" gibt es zwei wesentliche Antworten:

Erstens: Menschen erwarten inzwischen, dass alle Verwaltungsvorgänge digital umsetzbar sind. Für den staatlichen Bereich gibt es seit 2017 dazu sogar das Onlinezugangsgesetz, auch wenn dessen Vorgaben noch lange nicht umgesetzt sind. Die Erwartungen der Menschen sind inzwischen vollkommen digital. Kirchengemeinden hängen sich selbst ab, wenn sie nicht vernetzt und digital denken. Ein nur analog machbarer Vorgang ist ein grundlegendes Hindernis.

Zweitens: Ein digitales Büro ist an vielen Stellen ressourcenschonender, weil weniger Absprachezeit benötigt wird, Vorgänge schneller gehen und nicht doppelt gemacht werden müssen, Fehler schneller korrigiert werden können und die Verwaltungsarbeit besser dokumentiert ist. E-Mails sind schneller als Briefe, digitale Formulare müssen nicht zu Fuß im Gemeindebüro vorbeigebracht werden, Dokumente können per Suchfunktion gefunden werden, anstatt in Akten blättern zu müssen.

Ein digitales Büro verbraucht außerdem weniger Platz und Papier. Allerdings muss die technische Ausstattung natürlich trotzdem gut sein. Wer besonders ressourcenschonend arbeiten möchte, betreibt das Büro mit Ökostrom und arbeitet mit Hardware-Geräten, die mit Blick auf Umweltfolgen nachhaltiger produziert werden, wie beispielsweise die Smartphones von *Fairphone* und *Shift* und die Laptops von *Framework*.

Das papierfreie Büro

Es gibt eine alte Binsenweisheit, die leider die Realität noch allzu oft beschreibt: Ein Papierformular als PDF online zu stellen, ist kein digitalisierter Prozess.

Und was ist überhaupt ein Prozess? Eine Definition findet sich in der Norm ISO 9000 für Qualitätsmanagement, die einen „Prozess" definiert als einen „Satz zusammenhängender oder sich gegenseitig beeinflussender Tätigkeiten, welcher Eingaben zum Erzielen eines vorgesehenen Ergebnisses verwendet". Oder einfacher gesagt: Ein Ablauf von Tätigkeiten, die alle erledigt werden müssen, um zum vorher definierten gewünschten Ziel zu kommen. Damit ist ein Prozess erst dann wirklich digitalisiert, wenn alle Schritte von Anfang bis Ende in einer digitalen Variante ablaufen.

Digital bedeutet in diesem Fall, dass Informationen einmal elektronisch erfasst und weiterverarbeitet werden und der Weg zum nächsten Schritt der Verarbeitung entweder automatisiert oder durch digitale Kopie der Informationen vollzogen wird.

Warum ist ein PDF, das online gestellt wird, kein digitaler Prozess? Weil es nur eine Kopie eines Papierformulars ist, und die meisten PDF-Formulare, die online stehen, ausgedruckt werden müssen, damit man sie ausfüllen kann. Damit wird es direkt wieder analog. Ein PDF kann auch so produziert werden, dass es am Computer ausgefüllt werden kann. Dann kommt es darauf an, was als nächster Schritt passiert, wenn ein ausgefülltes PDF gespeichert und verschickt wird. Nimmt das Gemeindebüro das Dokument dann per Upload entgegen und übernimmt die Informationen automatisch in eine Tabelle, Datenbank oder sonstiges digitales System? Oder muss ein Mensch im Gemeindesekretariat die Informationen von Hand nochmal in ein anderes, nutzbares Format übertragen? Wenn beispielsweise die Informationen aus dem PDF von Hand in eine Excel-Tabelle eingetragen werden, die dann per E-Mail an das Leitungsteam des Konfirmand:innenunterrichts verschickt wird, ist der Prozess zwar digital, aber optimiert auf den digitalen Ablauf ist er keineswegs.

An diesem Beispiel sieht man gut, dass digitale Prozesse von Anfang an gut durchdacht werden müssen und alle Zwischenschritte betrachtet werden sollten. Denn wenn der Start schon Quark ist, kommt hinten auch nur Käse raus.

Um die Arbeit in einem Gemeindebüro sinnvoll zu digitalisieren, muss man sich alle Vorgänge einzeln anschauen und feststellen: Gibt es einen digitalen Anfang? Gibt es ein digitales Ergebnis am Ende des Prozesses? Dann können so viele Zwischenschritte wie möglich digitalisiert werden, bis es nicht mehr geht. Wenn ein digitales Ergebnis gewünscht und möglich ist, können alle Zwischenschritte digital abgewickelt werden. Wenn das Ergebnis analog sein soll – zum Beispiel eine Papierliste mit Namen, die beim Einlass zu einer Veranstaltung kontrolliert und abgehakt werden soll, kann der Prozess bis zu diesem Punkt digital ablaufen und wird erst dann wieder analog.

Der größte Nutzen entsteht, wenn unterschiedliche Prozesse nicht nur für sich stehen, sondern direkt ineinander greifen. Besonders Abläufe mit ganz unterschiedlichen Zielen werden dann leichter, wenn sie auf einen gemeinsamen digitalen Start zugreifen können. Bestenfalls bekommen sie aus einer Quelle immer richtige Informationen. Dann profitieren sowohl Verwaltung als auch Kommunikation davon. Ein Beispiel von vielen: Termine werden angelegt und automatisch auf der Webseite angezeigt, für den Newsletter zur Verfügung gestellt und alle internen Mitarbeitenden werden automatisch benachrichtigt, wann die jeweilige Veranstaltung stattfindet.

Menschen, die in der Digitalität leben, erwarten, dass alle Vorgänge digital umsetzbar sind. Ein digital organisiertes Büro macht Abläufe schneller und reibungsloser. Prozesse müssen von vorne bis hinten digital gedacht werden, damit das funktionieren kann.

Abläufe digitalisieren: Schritt für Schritt

Betrachten wir ein paar typische Abläufe im Gemeindebüro und wie sie sich digital umsetzen lassen. Das Vorgehen ist immer das gleiche: Zunächst definieren wir das gewünschte Ergebnis als Ende des Prozesses, suchen dann den digitalen Anfang dafür und beschreiben die notwendigen Schritte von Anfang bis Ende. Bestenfalls ist das Ergebnis eines, für das es eine digitale Umsetzung gibt, damit der gesamte Ablauf digital sein kann.

Das Ziel sollte konkret beschrieben sein und nur das gewünschte Ergebnis beschreiben, ohne die Umsetzung vorzugeben. In der Software-Entwicklung mit *agilen Methoden* nennt man solche konkreten Problembeschreibungen *User Stories*: Möglichst spezifische, kleine Geschichten, die in allgemein verständlichen Worten beschreiben, was die Nutzer:innen tun möchten. User Stories beschreiben nicht, *wie* Nutzer:innen ihr Ergebnis erreichen, weil es meistens mehrere Lösungen geben kann. Das ergibt sich erst Schritt für Schritt bei der Umsetzung.

Dieses Schema kann auch zur Analyse von Prozessen helfen und die Auswahl passender Werkzeuge erleichtern. Die Zwischenschritte können dabei je nach Werkzeug unterschiedlich ausfallen.

Beispiel 1: Kalender und Dienstplanung

Das gewünschte Ergebnis: Ich plane eine Veranstaltung und möchte im Kalender sehen, wer die zugehörigen Aufgaben übernimmt.
Der digitale Anfang: Ein Termin wird in den digitalen Gemeindekalender eingetragen.

Notwendige Schritte:

1. Die Person, die für den Termin verantwortlich ist, trägt ihn im digitalen Kalender ein.
2. Im Kalender definiert sie die Aufgaben, die an dem Termin erledigt werden müssen.
3. Zu jeder Aufgabe wählt sie im Kalender Menschen aus, die die Aufgabe übernehmen können und sollen.
4. Der Kalender prüft automatisch, ob diese Menschen an dem Termin Zeit haben.
5. Die Menschen, die laut Kalender Zeit haben, werden eingetragen.
6. Die terminverantwortliche Person wählt andere Menschen aus, die an dem Termin Zeit haben.
7. Aus dem Kalender wird eine Aufforderung an die ausgewählten Menschen geschickt, zuzustimmen, dass sie die Aufgabe übernehmen werden.
8. **Ergebnis:** Am Kalendertermin ist hinterlegt, wer zu welcher Aufgabe zugesagt hat und welche Aufgaben noch offen sind.

Beispiel 2: Anmeldungen und Formulare

Das gewünschte Ergebnis: Ich möchte auf Knopfdruck eine Liste mit allen angemeldeten Konfirmand:innen und den Kontaktdaten der Eltern bekommen.
Der digitale Anfang: Wer sich zum Konfirmand:innenunterricht anmelden möchte, muss online ein digitales Formular ausfüllen, das die gewünschten Informationen zur Konfirmand:in und mindestens einem Elternteil enthält.

Notwendige Schritte:

1. Die Person, die für den Konfirmandenunterricht zuständig ist, legt fest, welche Informationen von beiden Personengruppen abgefragt werden müssen (Vorname, Nachname, E-Mail-Adresse, Telefonnummer, Zuordnung zur Konfi-Gruppe…)
2. Die verantwortliche Person oder jemand im Gemeindebüro stellt das Formular im digitalen System zusammen und bestimmt dabei auch die Pflichtfelder, die ausgefüllt werden müssen.
3. Das Formular wird auf der Gemeindewebseite veröffentlicht und der Link an möglichst vielen Stellen verbreitet, wo die zukünftigen Konfirmand:innen erreicht werden können.
4. Zukünftige Konfirmand:innen und mindestens jeweils ein Elternteil füllen das Formular auf der Webseite aus.
5. Das zugrundeliegende System sammelt die Einträge, überträgt sie in eine Datenbank und generiert eine entsprechende Liste.
6. Die Person, die die Liste der Angemeldeten und Elternteile braucht, schaut sich im System die Liste an, filtert sie gegebenenfalls und lässt sich aus den Ergebnissen die finale Liste generieren.
7. Ergebnis: Die Liste steht im digitalen System oder als exportiertes Tabellendokument zur Verfügung.

Was dann mit dieser Liste passiert, ist Teil eines neuen Prozesses mit einem neuen Ziel. Dieser Ablauf könnte aber nahtlos digital an den oben beschriebenen Prozess anschließen, zum Beispiel wenn es um den Versand von Informationen geht.

Beispiel 3: Dateiablage und Aktenplan

Das gewünschte Ergebnis: Ich möchte den Beschluss zur Anschaffung einer Solaranlage für das Kirchendach aus der Kirchenvorstandssitzung vom Oktober 2021 nachlesen.
Der digitale Anfang: Die öffentlichen Beschlüsse jeder Kirchenvorstandssitzung werden protokolliert und digital durchsuchbar archiviert.

Notwendige Schritte:

1. Der Kirchenvorstand notiert alle Beschlüsse aus jeder Sitzung. Dazu gehören mindestens der Text des Beschlusses, das Ergebnis der Abstimmung, das Datum, die Liste der beim Beschluss anwesenden Personen und wer für welche Aufgabe zuständig ist.
2. Die Beschlüsse werden digital im Dateiarchiv abgelegt.
3. Die Beschlüsse werden von der Person, die sie im Dateiarchiv ablegt, verschlagwortet. Das Archivsystem indexiert automatisch die Schlagworte, das Datum und zur späteren Suche auch den Volltext.
4. Die suchende Person ruft die Dateiablage auf, filtert die Liste nach Datum (Oktober 2021) und sucht nach „Solaranlage".
5. Ergebnis: Das Dateisystem bietet als Suchergebnis das Protokoll aller Beschlüsse an, die im Oktober 2021 gefällt wurden und den Suchbegriff „Solaranlage" enthalten.

Je nachdem, wie die Beschlüsse hinterlegt werden, kann die Suche feiner oder gröber werden. Üblich ist derzeit in den meisten Kirchengemeinden das Hinterlegen ganzer Kirchenvorstands-Protokolle als digitales Textdokument, in dem auch die Beschlüsse hinterlegt sind. Deshalb ist eine Volltextsuche zusätzlich zur Verschlagwortung und Filterung nach Datum sinnvoll. Wenn Beschlüsse systematisch einzeln abgelegt werden, können sich daraus andere sinnvolle Suchoptionen ergeben.

Beispiel 4: Interne Kommunikation

Das gewünschte Ergebnis: Ich möchte alle haupt- und ehrenamtlichen Mitarbeitenden zum jährlichen Wertschätzungs-Brunch einladen und wissen, wer kommt. Nur Eingeladene sollen sich zu dem Termin anmelden können.

Der digitale Anfang: Die Person, die für den Termin zuständig ist, prüft im Gemeindekalender, wann die meisten Menschen laut Kalender Zeit haben.

Notwendige Schritte:

1. Alle Haupt- und Ehrenamtlichen haben Zugang zum digitalen Gemeindekalender, tragen dort ihre eigenen Gemeindetermine ein und verknüpfen ihre persönlichen Kalender (sofern noch nicht erledigt).
2. Die Brunch-Organisator:in trägt den Termin, an dem möglichst viele Menschen laut Kalender Zeit haben, in den digitalen Kalender ein, fügt alle Mitarbeitenden als Teilnehmende hinzu und bucht den Raum. Der Termin ist nicht öffentlich, sondern nur für alle Mitarbeitenden einsehbar.
3. Das System verschickt automatisch eine Nachricht an alle eingetragenen Teilnehmenden mit der Bitte, zu- oder abzusagen.
4. Jede eingeladene Person bestätigt ihre Teilnahme oder lehnt ab.
5. Ergebnis: Am Termin ist erkennbar, welche Menschen eingeladen wurden und ob sie zugesagt haben oder nicht.

Dieser Prozess ließe sich auch anders abbilden, beispielsweise ähnlich wie bei den Anmeldungen zum Konfirmand:innenunterricht über ein Anmeldeformular. Die Besonderheit hier ist, dass es sich nicht um einen öffentlichen Termin handelt, sondern um ein Zusammentreffen nur für Mitarbeitende, die eine Einladung erhalten sollen. Damit dieser Ablauf funktioniert, muss jede:r Mitarbeitende zumindest einmal ihren persönlichen Kalender mit dem digitalen Gemeindekalender synchronisiert haben. Solche Anlässe können hilfreich sein, um allen Menschen den Sinn eines gemeinsamen digitalen Systems zu zeigen und sie zu motivieren, das System zu verwenden, wenn sie es bisher noch nicht tun.

Beispiel 5: Individualisierte Kontaktaufnahme zu einem Anlass

Das gewünschte Ergebnis: Die Pastorin möchte allen Gemeindemitgliedern eine digitale Grußkarte zum Geburtstag schicken.

Der digitale Anfang: Die Namen, Geburtstage und E-Mail-Adressen aller Gemeindemitglieder können im digitalen Kontaktsystem hinterlegt werden.

Notwendige Schritte:

1. Die bekannten Geburtstage aller bekannten Gemeindekontakte werden im digitalen System hinterlegt. Diese Dateneingabe erfolgt entweder von Hand oder über einen technischen Import.
2. Das System ermöglicht die Filterung nach anstehenden Geburtstagsterminen.
3. Die Pastorin schaut jeden Montag (oder in einem anderen passenden Rhythmus) auf die Filterliste im System, wer in den nächsten zehn Tagen Geburtstag hat.
4. Die Pastorin bereitet für jede Person in der Liste eine E-Mail mit Geburtstagsgrüßen vor. Um diese Arbeit zu erleichtern, können im digitalen System Kommunikations-Vorlagen für den Anlass „Geburtstag" hinterlegt werden, bestenfalls auch für unterschiedliche Zielgruppen.
5. Die Pastorin stellt für jede E-Mail als Versandzeitpunkt 05:00 Uhr am Geburtstagstag ein.
6. **Ergebnis:** Am Geburtstagsmorgen bekommt jedes Geburtstagskind in der Gemeinde eine personalisierte E-Mail mit Glückwünschen.

Ein solches Kontaktsystem heißt auch „CRM", was für „Customer Relations Management" oder „Contact Relations Management" steht. Die Einführung solcher Systeme ist in vielen Landeskirchen und Bistümern unter dem Stichwort „Mitgliederkommunikation" bereits geplant oder in der Umsetzung. Da es sich um eine sehr gemeindenahe Aufgabe handelt, muss bei der Systemauswahl durch die Landeskirche oder Diözese berücksichtigt werden, dass auch die meisten anderen Abläufe in den Gemeinden mit diesen Systemen direkt verknüpft sind oder direkt darin bearbeitet werden können.

„Ich will aber nicht“: Mit Einwänden umgehen

Eine der Herausforderungen bei der Digitalisierung des Alltags im Gemeindebüro ist, nicht zu viele unterschiedliche Werkzeuge für alle einzelnen Abläufe einzuführen. Der Vorteil einer digitalisierten Büro-Organisation wird umso deutlicher, je mehr Vorgänge zusammengefasst und auf der gleichen Datenbasis umgesetzt werden können. In der Informationsorganisation heißt diese Datenbasis „single source of truth“ – eine „Quelle der Wahrheit“, in die alle Informationen einfließen, aus der heraus sie weiterverwendet werden und auf die sich alle beziehen können.

Die Beharrungskräfte gewohnter Vorgänge und Werkzeuge sind sehr stark und können die Veränderung von Abläufen deutlich erschweren, von einer kleinen Umstellung bis zur Einführung von komplett neuen Werkzeugen. Dafür braucht es klare Anweisungen, aber zugleich auch ganz viel Erläuterung. Nur wer versteht, warum ein bestimmter Ablauf für die eigene Arbeit sinnvoll ist, wird sich diesen Ablauf wirklich aneignen, besonders wenn er nicht neu ist, sondern einen bekannten Ablauf ersetzen soll.

In einem Gemeindeverband konnten wir das beispielhaft erleben: In dem neuen pastoralen Raum wurden drei zuvor eigenständige katholische Pfarreien zu einer neuen Stadtpfarrei zusammengefasst. Damit mussten auch die drei Pfarrsekretärinnen ihre Arbeit auf ein gemeinsames digitales System für die Kommunikation und Verwaltung in der Pfarrei umstellen, beginnend mit dem digitalen Pfarreikalender. Die Sekretärin der Hauptpfarrei lehnte das kategorisch ab: „Warum sollte ich das machen? Jetzt funktioniert doch alles.“

Auf Nachfrage, wie sie derzeit mit Terminen aus den Nachbarpfarreien umgehe, erläuterte sie, dass die anderen Sekretärinnen diese Termine mehr oder weniger regelmäßig per E-Mail schicken und sie diese dann von Hand in den Kalender der Hauptpfarrei einträgt. Das sei ein regelmäßiger Grund für Diskussionen, weil Termine oft nicht rechtzeitig oder vollständig geliefert würden. Als wir dann demonstrieren konnten, dass ein gemeinsam genutzter digitaler Kalender das verbessern kann, weil die Termine von allen Sekretärinnen und anderen Terminersteller:innen direkt im gleichen Kalender eingetragen werden und dann nicht noch zusätzlich in eine E-Mail kopiert und verschickt werden müssen, drehte sich ihr anfänglicher Widerstand in Unterstützung. Die Erkenntnis, dass sie dann tatsächlich Arbeitszeit sparen wird und schneller und zuverlässiger Zugang zu vollständigen Informationen bekommt, machte es ihr dann leicht, den neuen Ablauf und das neue Werkzeug zu akzeptieren.

Das ist ein typischer Widerstand gegen neue Prozesse: „Wir haben doch schon etwas, was funktioniert!" Andere gängige Einwände sind „Das ist mir viel zu kompliziert", „Dafür habe ich keine Zeit" oder bei gemeinsam genutzten Systemen gerne auch „Dann können ja alle sehen, was ich mache".

Um mit diesen Widerständen umzugehen, ist es sinnvoll, zunächst einmal festzuhalten, wie hoch die Techniklast in der Arbeitsumgebung schon ist. Wer benutzt wie viele unterschiedliche Werkzeuge? Wenn man deutlich machen kann, dass Aufgaben auf einer neuen Plattform zusammengefasst werden und dadurch an anderer Stelle mehrere unterschiedliche Arbeitsvorgänge wegfallen, ist der erste Widerstand meist schon überwunden. Jedes neue System muss sich der Frage stellen, welches Problem es in der täglichen Arbeit löst und welchen Mehrwert es tatsächlich bietet.

Für den weiteren Umgang mit Einwänden und Widerständen gegen neue Abläufe hilft es den Verantwortlichen, die Einwände zu sortieren und die Haltung dahinter zu erkennen. Das ist eine Leitungsaufgabe. Je nachdem, wie sich die Einwände entlang der Dimensionen von Wille und Fähigkeit verteilen, sind unterschiedliche Lösungsansätze notwendig:

Einwand	Haltung	Lösung
„Lass uns loslegen!" „Ich würde ja gerne, aber ich weiß nicht, wie das geht"	Ich will und kann	Loben und umsetzen
„Das ist mir zu kompliziert" „Brauchen wir das wirklich? Was wir schon machen, funktioniert doch!"	Ich will, kann aber (noch) nicht	Schulen und üben
„Dafür habe ich keine Zeit." „Das können wir nicht lernen, das ist viel zu kompliziert."	Ich will nicht, aber ich könnte	erläutern und erklären, ggf. Umstände anpassen
„Ich bin einfach dagegen."	Ich kann nicht und will nicht	überzeugen, anweisen oder trennen

Wenn der Wille zur Umsetzung und die Fähigkeit dazu bereits vorhanden sind, ist die Situation einfach: Dann kann man einfach loslegen und sollte die positive Ermutigung dazu nicht vergessen!

Wenn der Wille zur Umsetzung von Abläufen und Prozessen und die grundsätzliche Fähigkeit, neue Kompetenzen zu lernen, vorhanden sind, aber die praktischen Fähigkeiten fehlen, ist Schulung die richtige Antwort. Das kommt zum Beispiel vor, wenn alle Beteiligten das gleiche Problem erkennen und eine neue Software dieses Problem lösen wird. Dann braucht es gute Schulung, Einführungsprojekte und Kundensupport, um das notwendige Können aufzubauen. Zur Schulung gehört auch das Angebot schriftlicher Wissensdatenbanken, FAQ und ähnlichen Hilfeseiten, damit Menschen selbst nachschauen können, was sie wissen wollen. Auch die Belastung von Mitarbeitenden müssen Sie dabei in den Blick nehmen: Muss man an anderer Stelle Aufgaben reduzieren, um die neuen Aufgaben zu ermöglichen, oder andere Arbeitsumstände ändern?

Wenn die grundsätzliche Fähigkeit, etwas Neues im eigenen Kompetenzfeld zu lernen und umzusetzen, zwar vorhanden ist, aber der Wille fehlt, müssen Sie erläutern und erklären. Oft können die Angefragten sich emotional erst auf Veränderungen einlassen und Schulungen und Training als sinnvoll empfinden, wenn sie das „warum" dahinter wirklich verstehen.

Es gibt gelegentlich Menschen, die sich komplett weigern, neue Abläufe zu akzeptieren oder Prozesse zu ändern. In einer Leitungsposition können Sie auf drei Wegen damit umgehen. Der beste Weg ist, diese Menschen argumentativ zu überzeugen. Das kann über Sachargumente funktionieren, über Solidarität im Team oder mit persönlichen Anreizen. Auch eine Dienstanweisung kann Menschen überzeugen, sich auf den Start neuer Prozesse einzulassen. Dann tun sie das zwar nicht aus eigenem Antrieb, aber das gewünschte Ergebnis kann trotzdem erzielt werden.

Manchmal gelingt das alles nicht. Wenn sich Menschen dauerhaft verweigern und Prozesse blockieren, die von Verantwortungsträgern als sinnvoll und notwendig gesehen werden, kann die Trennung zwischen den Blockierenden und der Neuerung der einzige Ausweg sein. Das kann die Entbindung von Verantwortung sein, der Widerruf einer Beauftragung, die Entlassung aus dem Ehrenamt oder bei Hauptamtlichen im extremsten Fall die Entlassung aus der Anstellung oder dem Dienstverhältnis sein.

Letzteres ist üblicherweise ein unerwünschter Fall und birgt das größte Konfliktpotenzial. Es ist aber eine Möglichkeit im Leitungshandeln, die in der Abwägung zwischen der Notwendigkeit und Dringlichkeit der Veränderung gegen eine absolute Blockadehaltung mitgedacht werden muss – auch in kirchlichen Kontexten.

Die Beharrungskräfte gewohnter Vorgänge und Werkzeuge sind groß. Überprüfen Sie die tatsächliche Arbeitslast der Menschen, die mit einem neuen Werkzeug arbeiten sollen, und gehen Sie auf Bedenken ein. Jedes neue System und jeder neue Prozess sollte eines oder mehrere Probleme in der täglichen Arbeit lösen und tatsächlichen Mehrwert bieten.

Hilfreiche Hinweise zur Werkzeugauswahl

Wie wählt eine Kirchengemeinde ein Werkzeug oder eine Plattform aus, die bei der Digitalisierung von Kommunikation und Verwaltung in der Gemeinde unterstützen kann?

Zunächst hilft dabei die Erkenntnis, welche Ergebnisse digital erreicht werden sollen. Dazu dienen die vorstehenden Kapitel als Hilfestellung. Wenn klar ist, welche Probleme gelöst, welche Ziele verfolgt und welche Ergebnisse erreicht werden sollen, geht es an die konkrete Werkzeugauswahl.

Das sind entweder die Angebote der Landeskirchen und Diözesen, kostenlose offene Software oder die gemeindespezifischen Plattformen und Werkzeuge kommerzieller Anbieter.

Die Landeskirchen und Diözesen stellen Software für Digitalprozesse bereit, die für bestimmte Vorgänge verpflichtend sind. Das ist besonders im Bereich Meldewesen, Personalwesen, Buchhaltung und Finanzen der Fall. Von diesen Werkzeugen abzuweichen ist schwierig bis unmöglich. Schlimmstenfalls muss hier für jeden Zweck ein neues Werkzeug mit einem neuen Login und einer eigenen Datenbasis genutzt werden; bestenfalls sind sie über gemeinsame Logins und automatisierte Schnittstellen (durch Application Programming Interfaces oder kurz „API") mit anderen Werkzeugen verbunden.

Viele Aufgaben im Gemeindealltag sind mit diesen Werkzeugen aber nicht lösbar. Entweder stellen Diözesen und Landeskirchen zentral eine echte, sinnvolle Gemeinde- und Pfarreisoftware zur Verfügung, oder die Kirchengemeinden und -verbünde wählen selbst eine auf dem Markt verfügbare Variante aus.

Kostenlose, offene Software dafür zu nutzen (die Stichworte hier sind *open source* und *free/libre open source software*, abgekürzt *FLOSS*) ist manchmal möglich, benötigt aber für komplexe Anwendungen erhebliches Spezialwissen bei der Einrichtung, Anpassung und Wartung. Je nach Komplexität der Aufgabe sind die Anforderungen daran sehr unterschiedlich. Wer beispielsweise für Textverarbeitung nicht Microsoft Word nutzen möchte, kann auf Alternativen wie Libre Office umsteigen. Auch für Bildbearbeitung gibt es leistungsstarke *FLOSS*-Alternativen zu Adobe Photoshop, beispielsweise das „Gnu Image Manipulation Program" GIMP.

Mit kostenlosen Open-Source-Varianten lassen sich einzelne Aufgaben lösen, sie sind aber nicht untereinander verknüpft. Sobald solche Verbindungen von Prozessen notwendig werden, müssen auch für Open Source Spezialist:innen bezahlt werden, die im Auftrag der Kirche Programmierarbeit erledigen. Wenn eigene Anpassungen umgesetzt werden, geht die Standardisierung verloren und der *Lock-in-Effekt*, also die Bindung an eine spezifische Software oder einen einzelnen Dienstleister, ist noch stärker als beim Einsatz von standardisierten, auf dem Markt verfügbaren Software-Lösungen.

Im deutschsprachigen kirchlichen Bereich gibt es eine Handvoll Anbieter, die gute Gemeinde- und Pfarreisoftware anbieten und willens und fähig sind, ihre Plattform über technische Schnittstellen an bestehende diözesane und landeskirchliche Systeme anzuschließen.

Für Pfarreien, Gemeinden und Gemeindeverbünde können diese kommerziellen Anbieter gute Partner sein. Allein um zu wissen, welche Möglichkeiten es überhaupt gibt, sollten Kirchen anhand ihrer eigenen Bedürfnisse prüfen, ob ein angebotenes Werkzeug dabei hilft, ihre Probleme zu lösen. Dazu können sie mit den jeweiligen Spezialisten im Vertrieb der Anbieter sprechen, Reviews lesen und Testversionen ausprobieren. Die verschiedenen Plattformen für Kommunikation und Verwaltung werden gegen jährliche Abonnement-Gebühren angeboten, haben die Datenschutzfragen im kirchlichen Bereich sicher gelöst, bieten professionelle Werkzeuge und Weiterentwicklung an und unterstützen die Gemeinden üblicherweise auch mit direktem Support und erreichbaren Ansprechpartner:innen.

Bargeldlose Spenden und Kollekten

Ein besonderer Bereich der digitalen Prozesse ist die Abwicklung von Zahlungen. Auch in der Kirche erwarten die meisten Menschen inzwischen, bargeldlos zahlen zu können, mindestens für Dienstleistungen, wenn nicht sogar bei der Kollekte.

Bargeldlose Zahlungen können auf vielen Wegen geleistet werden: per Überweisung, Lastschrift, Kreditkarte, NFC-Zahlung, PayPal, Apple Pay oder Google Pay oder per QR-Code. Die unterschiedlichen Formen sind für verschiedene Anwendungszwecke mehr oder weniger gut geeignet. Teilnehmendenbeiträge oder Spenden können problemlos per Überweisung erledigt werden, aber für die Zahlung direkt vor Ort bei der Kollekte in der Kirche oder dem Ticketverkauf im Gemeindebüro ist ein Überweisungsformular eher unpraktisch. Deshalb sollten Sie bargeldlose Zahlungen auch vor Ort anbieten.

Auf folgende Fragestellungen sollten Sie bei der Arbeit mit digitalen Zahlungen auf jeden Fall achten, egal, für welche technische Lösung Sie sich entscheiden:

Informieren Sie sich bei Systemen zur bargeldlosen Zahlung über die Transaktionsgebühren. Üblich sind Transaktionsgebühren von 1% bis 3% für jede Zahlung, dazu eine kleine feste Gebühr für jede Zahlung, üblicherweise zwischen 15 und 30 Cent. Wenn Hardware für die Karten- oder Handy-Zahlung mitgeliefert wird, kommen üblicherweise weitere monatliche Kosten hinzu. Alternativ können Zahlungssysteme auf Smartphones (Apple Pay oder Google Pay) inzwischen auch per QR-Code angesteuert werden. Dafür brauchen Sie dann keine Hardware, sondern nur ein ausgedrucktes Plakat, auf dem der QR-Code drauf ist. Dafür fallen keine weiteren Hardware-Kosten an, allerdings benötigen die Besucher:innen für die Zahlung ihr Smartphone.

Das Geld sollte vom Zahlungsdienstleister direkt auf das Gemeindekonto überwiesen werden. Sie sollten in der Lage sein, jeden Monat eine Übersicht der Zahlungen zu bekommen, damit Sie diese an Ihre Buchhaltung weitergeben können.

Für größere Beträge sind Spendenbescheinigungen wichtig und ein wesentlicher Bestandteil von Fundraising-Aktivitäten. Kirchengemeinden sind berechtigt, Spendenbescheinigungen auszustellen. Wie das aussehen soll und welche Sonderfälle es bei Ihnen gibt, verraten Ihnen die Fundraising-Expert:innen der Landeskirchen und Bistümer.

Machen Sie die Gebühren, die für Bargeldeinzahlungen und für bargeldlose Transaktionen anfallen, für die Gemeinde transparent. Hängen Sie ein Plakat in die Kirche, auf dem Sie erklären, wie die Gemeinde mit Geldspenden und Kollekten umgeht und was tatsächlich übrig bleibt. Schaffen Sie auf Ihrer Webseite einen Bereich „Kollekten und Spenden", zeigen Sie die Projekte, für die Sie gerade um Geld bitten, und machen Sie auch dort transparent, wie sich die einbehaltenen Kosten zusammensetzen.

Nicht zuletzt: Zeigen Sie Ihren Besucher:innen deutlich, dass bei Ihnen bargeldlos gezahlt und gespendet werden kann. Es mag Ihnen vielleicht seltsam vorkommen, ein Schild mit dem Inhalt „Bei uns können Sie bargeldlos zahlen und spenden!" in die Kirche und ins Gemeindehaus zu hängen. Aber wenn Ihre Besucher:innen das nicht wissen, werden sie es nicht tun.

Mögliche Geldeingänge im Gemeindealltag lassen sich in der Regel einem von vier verschiedenen Zwecken zuordnen: Spenden, Eintrittskarten und Teilnehmendenbeiträge sowie die Kollekte.

Für bargeldlose *Spenden* gibt es bereits eine Vielzahl an digitalen Lösungen. Die Fundraising-Expert:innen in den Bistümern, Dekanaten, Kirchenkreisen und Landeskirchen können alle Gemeinden in dem Bereich gut beraten. Holen Sie sich dort Beratung und Unterstützung, denn vielfach sind bereits Spendenlösungen im Einsatz, die auch für die Kirchengemeinden zur Verfügung stehen! Spenden-Aktivitäten sind immer Teil des Fundraisings und müssen daher eng mit der Kommunikation verknüpft sein. Die Spender:innen wollen informiert bleiben, was mit ihrem Geld passiert! Dankes-E-Mails, Projekt-Updates, exklusive Einladung zum ersten Konzert auf der mit Spendengeldern renovierten Orgel – das gehört alles mit dazu.

Die bargeldlose Bezahlung von *Eintrittskarten und Teilnehmendenbeiträgen* ist in Gemeindeverwaltungsoftware in der Regel bereits integriert. Für große Kirchen mit vielen Events und Konzerten kann ein professionelles Ticketing-Systemen noch mehr Funktionen übernehmen.

Kollekten sind ein Sonderfall. Die Einzahlung von Bargeld bei Banken und Sparkassen ist teuer geworden, so dass eine einfache bargeldlose Zahlungsmöglichkeit auch für die Kollektensammlung wünschenswert ist. Die gibt es nicht kostenlos, aber aufwändige Hardware-Lösungen mit Spendensäulen oder digitalen Klingelbeuteln sind oft zu teuer, als dass sie sich für den nur gelegentlichen Einsatz tatsächlich lohnen würden. Bei der Kollekte müssen Sie eine Kosten-Nutzen-Rechung machen: Wie viel sammeln Sie üblicherweise ein, wie hoch sind die monatlichen Verwaltungs- und Einzahlungskosten für Bargeld und für bargeldlose Varianten, und wie steht beides im Verhältnis zueinander? Auf jeden Fall müssen Sie vermeiden, bei der Kollekte draufzuzahlen. Denn bei der Kollekte ist eine Kirchengemeinde in einer ähnlichen Situation wie eine Kioskbetreiber:in: Es kommen viele kleine Einzelbeträge von vielen unterschiedlichen Menschen.

Illustrieren wir das mit einer Beispielrechung: Die Anbieter für die Abwicklung von bargeldlosen Zahlungen erheben Transaktionsgebühren von 1% bis 3% und eine kleine feste Gebühr pro Transaktion meist zwischen 15 und 50 Cent. Bei einer Festgebühr von 25 Cent bedeutet das: Von einer Kollektengabe von zwei Euro muss die Kirchengemeinde einen Betrag zwischen 28 und 31 Cent abziehen. Bei zehn Euro Kollektengabe muss die Gemeinde zwischen 1,25 und 3,25 Euro abziehen.

Es lohnt sich trotzdem, als Serviceleistung die bargeldlose Spende und Kollekte anzubieten, denn die Gebühren finanzieren sich aus der Spende selbst. Sie sollten es einmal vorher durchrechnen und den Spender:innen transparent erklären. Das gilt auch für die bargeldlose Kollekte. Stellen Sie einen Aufsteller in die Kirche, auf dem Sie erläutern, wie Sie die bargeldlose Kollekte erheben, und seien Sie ehrlich und transparent, was die Kosten angeht.

Je mehr Menschen darüber wissen, wie mit ihrem Geld umgegangen wird, desto höher ist die Bereitschaft, Geld zu spenden. Umso mehr, wenn Sie es den Menschen möglichst einfach machen: „Ich habe gerade kein Bargeld dabei" stellt in einer digital arbeitenden Gemeinde kein Hindernis mehr dar!

> Es gibt zahlreiche Werkzeuge und Möglichkeiten für Kirchengemeinden, bargeldlose Zahlungen zu ermöglichen. Gerade für Spenden und Fundraising sollten Sie diese Möglichkeiten ausloten, und sich nicht sofort von Transaktionskosten abschrecken lassen. Stellen Sie eine Kosten-Nutzen-Rechnung auf und machen Sie es Menschen einfach, der Gemeinde Geld zu geben.

Datenschutz: Doch kein Dilemma?

Eine der häufigsten Fragen bei der Digitalisierung von Gemeindearbeit ist der Datenschutz. Zur Erinnerung: Sowohl die Katholische als auch die Evangelische Kirche in Deutschland haben eigene Datenschutzgesetzgebungen, die sich an der europäischen Datenschutzgrundverordnung orientieren. Auf katholisch ist es das „Gesetz über den Kirchlichen Datenschutz" (KDG), auf evangelisch ist es das „Kirchengesetz über den Datenschutz der Evangelischen Kirche in Deutschland" (DSG-EKD).

Die kommerziellen Anbieter von Gemeindesoftware aller Art haben die Datenschutzfragen in Zusammenarbeit mit Bistümern und Landeskirchen bereits gelöst. Dazu gibt es Auftragsverarbeitungsverträge und Zusatzvereinbarungen zu Kontrollbefugnissen. Die rechtliche Situation in Deutschland und Europa ist aufgrund der DSGVO und der entsprechenden Kirchengesetze so stark geregelt, dass alle ernstzunehmenden Software-Anbieter für die Gemeinden sicher nutzbar sind.

Anders als der technische Datenschutz, für den die meisten Kirchengemeinden sowieso einen Spezialisten im Kirchenvorstand sitzen haben, ist Datensicherheit ein seltener diskutiertes Thema. Während Datenschutz die technische Seite regelt, ist Datensicherheit ein menschliches Problem. Der saubere und sorgfältige Umgang mit Daten, auf die Kirchenmenschen rechtmäßig Zugriff haben, muss ebenfalls geübt werden. Das Paradebeispiel sind Passwortlisten, die im Pfarrbüro an der Pinnwand hängen. Die Plattform, auf der die Gemeindesekretär:in sich einloggt, kann so sicher sein wie Fort Knox: Wenn das Passwort für alle Besucher:innen sichtbar im Büro hängt, ist es mit der Datensicherheit nicht weit her. Auch Benutzerkonten und Zugänge, bei denen alle die gleiche E-Mail-Adresse und ein allen bekanntes Passwort nutzen, das frei in der Gemeinde kursiert, sollten immer in persönliche Zugänge umgewandelt werden.

Alle Datenschutzbeauftragten der Diözesen, Landeskirchen, DBK und EKD haben notwendige und hilfreiche Hinweise für die Kirchengemeinden, wie sie mit Datenschutz und Datensicherheit umgehen müssen. Daran können sich die Verantwortlichen vor Ort orientieren und die Werkzeuge, die sie verwenden wollen, entsprechend auswählen, um die rechtlichen Vorgaben einzuhalten. Bei der Auswahl von Werkzeugen für die selbstgesteuerte Gemeindeverwaltung und -kommunikation ist das ein gelöstes Problem.

Auch außerhalb geschützter Orte müssen Menschen in der Kirche ihrem Auftrag von Nachfolge und Verkündigung nachgehen. Datenschutz ist kein Selbstzweck. Er muss ebenso den Menschen dienen wie die Kirche es als Ganzes tut. Das größte Problem dabei ist sicherlich der mangelnde Datenschutz auf den ganz großen Social-Media-Plattformen, auf die das kirchliche Datenschutzrecht allerdings keinen Einfluss hat.

Auf Instagram, TikTok, Bluesky, Facebook, WhatsApp oder YouTube verbringen Millionen Menschen ihre Zeit und ihren Alltag.

Dort müssen sich Kirchenmenschen zeigen können und dürfen, nicht nur auf Signal, Telegram oder Mastodon oder anderen unbedenklichen, aber winzig kleinen Alternativen. Wenn Kirche und Gemeinde mit Menschen in der Welt kommunizieren wollen, müssen sie ins World Wide Web und auf Social Media gehen und den Menschen dort begegnen, so wie sich die Jünger Jesu nach Himmelfahrt in alle Himmelsrichtungen auf den Weg machten, um die frohe Botschaft möglichst weit zu verbreiten und zu verkündigen.

Kirchengemeinden brauchen eine sinnvolle Gemeinde- und Pfarreisoftware, um ihre Arbeit digital erledigen zu können. Sie kann über Diözesen oder Landeskirchen zur Verfügung gestellt werden oder die Kirchengemeinden wählen selbst eine auf dem Markt verfügbare Variante aus. Datenschutz steht dem nicht im Weg, solange sich die Anbieter auf die kirchlichen Datenschutzgesetze verpflichten.

Kapitel 7:

KI und Kirche: Ein Ausblick

Wie geht die Kirche mit dem um, was wir „Künstliche Intelligenz" nennen? Bevor wir einen kurzen Ausblick auf diese Frage werfen, müssen wir verstehen, worüber wir eigentlich reden, wenn wir von „KI" sprechen. Dieses Kapitel ist nur der Start einer Diskussion, die gerade erst begonnen hat, und beschreibt den Stand vom Oktober 2023. Dieses Buch ist übrigens vollständig ohne Zuhilfenahme von ChatGPT entstanden.

Worüber reden wir?

Im November 2022 veröffentlichte die Firma „OpenAI" eine öffentlich zugängliche Version ihres *Large Language Models* ChatGPT. Zuvor hatte OpenAI bereits den automatischen Bildgenerator „Dall-E" veröffentlicht. Mit Dall-E und ähnlichen Generatoren wie Midjourney oder Stable Diffusion lassen sich auf der Basis von Texteingaben digitale Bilder generieren. Microsoft hat sich bis 2023 mit insgesamt 11 Milliarden US-Dollar an OpenAI beteiligt, um die Entwicklung dieser maschinellen Sprachmodelle voranzubringen.

Die zugrundeliegenden Rechenmodelle der Bildgeneratoren nutzen sogenanntes *natural language processing*, ein simuliertes natürliches Sprachverständnis, um den eingegebenen Text zu verstehen und nutzen dann eine zuvor gespeicherte riesige Datenmenge, um durch Re-Kombination bereits bekannter Informationen ein neues Bild zu erstellen.

ChatGPT macht das gleiche für Text. „GPT“ steht für „Generative Pre-trained Transformer“ und beschreibt die Technologie, wie ChatGPT seine Texte generiert. Die Eingabe des Menschen, der so genannte *Prompt*, wird vom zugrundeliegenden Modell analysiert (das ist der „Pre-Trained Transformer"-Teil), dann gibt ChatGPT eine plausibel klingende Antwort aus (das ist der „Generative"-Teil). Es ist ein sogenanntes *Large Language Model* (abgekürzt LLM), ein riesiges Sprachmodell, und gibt seine Antworten ausschließlich auf der Basis dessen, was wahrscheinlich sprachlich richtig ist. Das bedeutet aber, das ChatGPT gar keine Möglichkeit und keinen Anspruch hat, zu prüfen, ob die Antwort der Maschine richtig oder wahr ist.

Ein LLM wie ChatGPT ist keine Suchmaschine und keine Quelle von Wahrheit. Es ist einfach nur die Erstellung eines Textes, der aufgrund von statistischen Wahrscheinlichkeiten so klingt, wie ein Mensch ebenfalls antworten könnte. Selbst Quellenangaben und Links zu Webseiten werden von der Maschine erfunden, wenn sie plausibel klingen. Ob sie korrekt sind oder überhaupt existieren, ist aber dem Zufall überlassen: Selten trifft die statistische Auswahl auf der Basis von Wahrscheinlichkeit eine bestehende Quelle, meistens erstellt die Maschine aber einfach eine plausibel aussehende Quelle, die nicht existiert.

Microsoft und Google haben beide bereits diese *Large Language Models* in ihre Suchmaschinen integriert und versuchen, die Ein- und Ausgabe natürlicher Sprache mit Suchergebnissen zu verknüpfen. Dennoch ist derzeit das grundsätzliche Problem nicht gelöst, dass das statistische Sprachmodell keine Verbindung zur empirischen Realität hat.

Warum ist das relevant?

Die generativen Sprachmodelle sind die Vorläufer von dem, was „Künstliche Intelligenz“ irgendwann einmal sein könnte: Maschinen, die wie Menschen denken und handeln können. Der US-Amerikaner Ray Kurzweil und andere Zukunftsdenker sprechen von der „Singularität", dem Moment, in dem Maschinen-Intelligenz die menschliche Intelligenz in allen Belangen übertrifft. An dem Punkt sind wir noch lange nicht und es deutet in der ernstzunehmenden Wissenschaft auch nichts darauf hin, dass wir diesen Punkt je erreichen könnten.

Dennoch besteht die Befürchtung, dass schon die heute existierenden *Large Language Models* durch die Automatisierung von Tätigkeiten bestimmte Berufe und menschliche Tätigkeiten ersetzen könnten. Bereits jetzt schon werden automatisch generierte Texte eingesetzt, um lokale Sportberichterstattung und Börsenmeldungen für Webseiten und Zeitungen zu erstellen, in diesem Bereich allerdings durchaus mit dem Anspruch auf Richtigkeit.

Im Gegensatz dazu hat die Medienbeobachtungs-Webseite newsguardtech.com im Juli 2023 bereits mehr als 330 Webseiten identifiziert, deren Inhalte komplett von Textgeneratoren erstellt werden – allerdings ohne jeden Anspruch auf Richtigkeit und einfach frei erfunden.[56] Dennoch werden diese Webseiten von Menschen gefunden und gelesen und lassen sich über automatisierte Werbungs-Netzwerke monetarisieren.

Dabei können Textgeneratoren und *Large Language Models* durchaus nützliche Werkzeuge sein. Menschen sollten ihre Erzeugnisse allerdings nie für bare Münze nehmen. Keine einzige Sach-Information, die von ChatGPT und ähnlichen Modellen ausgegeben wird, kann ohne weitere Überprüfung verwendet werden! Als Text-Assistenz für kreative Tätigkeiten, bei denen Richtigkeit keine Rolle spielt, sind die Modelle allerdings gut geeignet.

Außerdem gilt: Jedes Sprachmodell ist nur so gut wie die zugrunde liegenden Trainingsdaten. Wer Trainingsdaten der „KI" komplett kontrollieren kann, kann auch die Qualität des Ergebnisses steuern. Die Verwunderung darüber, was ChatGPT und Co. „überaschenderweise ausgespuckt hat", die im Jahr 2023 von vielen

56 Siehe: https://www.newsguardtech.com/special-reports/ai-tracking-center/ (zuletzt abgerufen am 21. 12. 2023.)

Menschen in den Kirchen geäußert wurde, die mit KI-Tools experimentiert hatten, ist unnötig: Die Ergebnisse sind nur Extrakte aus den Inhalten, mit denen die „KI“ zuvor trainiert wurde.

„KI“ und Kirche

Im kirchlichen Bereich sind die Anwendungsfelder derzeit noch begrenzt. Als Teil von Werkzeugen und Plattformen, in Schreib- und Designprogrammen, in Buchhaltungssystemen oder in Gemeinde- und Pfarreisoftware werden Anwender:innen in ihrem Alltag mit „KI"-Assistenzen konfrontiert und müssen lernen, sie sinnvoll zu verwenden. Darüber hinaus sollten Menschen in den Gemeinden die Grenzen der Möglichkeiten von „KI"-Sprachmodellen kennen. Wenn es soweit kommt, dass die automatisierte Maschine ganz konkret menschliche Arbeitskraft ersetzen soll, muss eine Gemeindeleitung das kritisch bewerten.

Als Faustregel kann gelten: Der Einsatz von „KI"-gestützten Werkzeugen ist sinnvoll, wenn die Maschine Menschen in ihrer Arbeit unterstützt und ihnen die Arbeit erleichtert und gleichzeitig der Maschine nicht die letzte Entscheidung über Richtigkeit und Wahrheit von Informationen überlassen wird. Aus kirchlicher Sicht nicht sinnvoll oder wünschenswert ist der vollständige Ersatz menschlicher Arbeitskraft durch die Automatisierung von zwischenmenschlichen Prozessen. Man kann sich außerdem nicht darauf verlassen, dass diese „KI"-Werkzeuge korrekte Fakten ausliefern. Darauf sollten Gemeindeleitungen achten und dann selbst beurteilen, ob sie das entsprechende Werkzeug einsetzen wollen.

Wofür kann man die Werkzeuge auf der Basis von *Large Language Models* und generativen Rechenmodellen konkret benutzen?

Das Erstellen von Bildern und Illustrationen ist möglich und kann die Bebilderung von Inhalten deutlich vereinfachen. Die Frage, welche Entlohnung den Künstler:innen zusteht, deren Material zum Training der Bildgeneratoren verwendet wurden, und wie das praktisch umgesetzt werden soll, ist nicht abschließend beantwortet. Wer aus moralischen Gründen direkt in Bilddatenbanken oder bei Illustrator:innen einkaufen möchte, dem sei dazu geraten. Beim Einsatz von automatisch generierten Bildern sollte man realistische Darstellungen, die mit einem echten Foto verwechselt werden können, auf jeden Fall vermeiden. Menschen halten Fotos auch in Zeiten von Photoshop und digitaler Bildbearbeitung immer noch auf den ersten Blick für echt, also für ein Abbild der Wirklichkeit. „Du sollst kein falsch Zeugnis reden" gilt aber auch bei Fotos, weshalb wir empfehlen, automatische Bilder nur so zu generieren, dass sie immer einen illustrativen oder künstlerischen Charakter aufweisen.

Außerdem muss mindestens die Herkunft des Bildes immer klar gekennzeichnet werden: Welches Modell wurde verwendet (Stable Diffusion, Dall-E, Midjourney oder andere) und in welcher Version? Ganz transparent ist, auch den Text und die Einstellungen zu dokumentieren, mit denen das Bild letztlich generiert wurde (das ist der so genannte *Prompt*).

Die textbasierten LLMs, wie sie im Sommer 2023 zur Verfügung stehen, sind gut geeignet als *Schreibhilfen*, zum Beispiel für Einladungen. Eine kreative Predigt kommt aus den Sprachmodellen nicht raus, ebenso wenig wie korrekte Bibelzitate. Wer diese LLMs als Schreibhilfe verwenden möchte, muss immer beachten: Man kann sich *nie* darauf verlassen, dass eine „generative KI" korrekte Fakten liefert. In der Praxis können sie als Impuls- und Stichwortgeber verwendet werden, um alle möglichen Texte zu schreiben, zum Beispiel wenn man sie nach einer möglichen Gliederung fragt, nach einem Anfangsgedanken, nach Formulierungen in einem ganz bestimmten Stil oder nach einer Zusammenfassung eines vorher eingegebenen Textes. Dafür kann man sie genauso einsetzen wie ein Gespräch mit Kolleg:innen. Eigene Gedanken muss man sich trotzdem machen und den Text am Ende doch selbst schreiben.

Eine besondere Herausforderung für Kirche und Theologie im Umgang mit dem „KI"-Diskurs ist es, deutlich zu machen, was Schöpfung von Kopie, Wahrheit von Wahrscheinlichkeit, Kreativität von Automatisierung unterscheidet. In die „KI"-Debatten sollte sich die christliche Ethik weiterhin intensiv einbringen. Auch in der Kirche sollte verstärkt darauf geachtet werden, dass präzise und wahrhaftig über „KI“ gesprochen und geschrieben wird. Dazu gehört insbesondere, der Technologie keine menschlichen Eigenschaften zuzuschreiben: Eine „KI“ „denkt“ nicht, hat nichts „formuliert“, „entdeckt“, „entworfen“ oder gar „geschaffen“.

Large Language Models basieren allein auf statistischen Wahrscheinlichkeiten, weshalb ihnen bei der Richtigkeit und Wahrheit von Informationen nicht vertraut werden kann. Der Einsatz von „KI"-gestützten Werkzeugen kann Menschen in ihrer Arbeit unterstützen, sollte sie aber nicht ersetzen.

Kapitel 8:

Glossar der digitalen Kirche

#digitaleKirche

Das ist ein Hashtag (siehe unten), unter dem sich Menschen und Inhalte sammeln, die irgendwas mit Digitalisierung und Kirche machen oder dazu eine Meinung haben. Es ist ein Themenraum, ein Manifest, ein Vorwurf, eine Lebenshaltung oder eine Community, je nachdem, wen man fragt.

Algorithmus

Ein Algorithmus „ist einfach eine Abfolge logischer Anweisungen, die anzeigen, wie eine Aufgabe von Anfang bis Ende erfüllt werden kann", schreibt Hannah Fry in ihrem lesenswerten Buc„Hello World". Je komplexer diese Anweisungen werden, je mehr „wenn-dann"-Ketten in ihnen enthalten sind und je mehr unterschiedliche Algorithmen miteinander verknüpft werden, umso schwieriger wird es, sie nachzuvollziehen – bis eben keiner mehr versteht, warum eigentlich gerade dieses Katzenvideo und nicht das andere auf ihrer YouTube-Startseite landet. Doch selbst der komplizierteste Algorithmus besteht aus Programmiercode, der von Menschen geschrieben wird. Algorithmen sind keine Magie. Wenn etwas nicht richtig funktioniert oder der Algorithmus negative Folgen zeigt, sind die Menschen verantwortlich, die ihn programmiert haben.

ARD / ZDF-Onlinestudie

Seit 1997 untersuchen Forschungsinstitute der ARD und des ZDF gemeinsam das Internet-Nutzungsverhalten der Bevölkerung in Deutschland. Inzwischen bilden die Onlinestudien das vielfältige Mediennutzungsverhalten von Menschen ab 14 Jahren ab. Für die Medienbranchen und Digitalisierer:innen in allen gesellschaftlichen Systemen sind die jährlich im Herbst erscheinenden ARD / ZDF-Onlinestudien ein Fixpunkt im Kalenderjahr: Wer nutzt digitale Medien und wie lange? Worin unterscheidet sich das Nutzungsverhalten verschiedener Alterskohorten? Welchen Platz nehmen digitale Medien in unserem Alltag ein? Wie verändert sich die Internet-Nutzung über die Jahre hinweg? Wer darauf fundierte Antworten möchte, schaut in die ARD / ZDF-Onlinestudien.[57]

CONTOC-Studien

„Churches Online in Times of Corona"[58] heißen die Studien eines internationalen, ökumenischen Forschungsprojekts „zur digitalen Präsenz der Kirchen unter den Bedingungen von Versammlungsbeschränkung und Abstandsgebot während der COVID-19-Pandemie". Die Studien sind eine der besten Quellen für Informationen über den Digitalisierungsschub, den die Pandemiezeit den Kirchen gegeben hat.

Hashtag

Ein Hashtag ist ein Begriff, der mit dem Zeichen # gekennzeichnet ist und als Link zu allen Beiträgen führt, die auf einer Online-Plattform unter diesem Begriff gepostet werden. Hashtags dienen dazu, die Aktivitäten von ansonsten nicht oder nur gering miteinander verbundenen Menschen miteinander zu verknüpfen.

57 https://www.ard-zdf-onlinestudie.de/ (zuletzt abgerufen am 1. 12. 2023).
58 https://contoc.org/de/ (zuletzt abgerufen am 1. 12. 2023).

hybride Gottesdienste

Gottesdienste, die sowohl analog vor Ort als auch irgendwie online gefeiert werden. In der Regel ist eine Live-Streaming-Komponente und eine Form der Online-Interaktion enthalten, so dass Menschen von überall mitfeiern können.

Online-Community

Eine Gemeinschaft, die sich maßgeblich und fast ausschließlich online trifft. Eine Online-Community kann sich auf vielen Plattformen zusammenfinden, manchmal sogar auf mehreren gleichzeitig, egal ob Zoom, Instagram, Discord oder TikTok. Meistens bilden sich Online-Communities um ein Thema oder gemeinsame Interessen oder um Influencer:innen herum.

Online-Gemeinde

Eine Gemeinde, die sich maßgeblich und fast ausschließlich online trifft. Eine Online-Gemeinde kann sich auf vielen Plattformen zusammenfinden, manchmal sogar auf mehreren gleichzeitig, egal ob Zoom, Instagram, Discord oder TikTok. Online-Gemeinden können um seelsorgerisch begabte Influencer:innen herum entstehen oder als gemeinsames Projekt digitalbegeisterter Christen, die unabhängig vom Wohnort digital Gemeinde leben wollen. Eine Online-Gemeinde unterscheidet sich von einer Online-Community vor allem durch die Präsenz spezifischer spiritueller Rituale, klassisch formuliert: Es wird miteinander Gottesdienst gefeiert.

Metaverse

Mark Zuckerbergs fixe Idee, dass sich Menschen gerne als unmenschliche Avatare ohne Beine in digitalen Welten treffen möchten, die via Virtual-Reality-Brille (VR-Brille) direkt auf ihre Netzhaut projiziert werden. Der Facebook-Gründer ist davon so überzeugt, dass er seine ganze Firma in „Meta" umbenannt hat. Darüber hinaus bezeichnet das Metaverse aber die Vielzahl an Möglichkeiten, sich als virtuelle Avatare in interaktiven Digitalwelten zu treffen. Die größten

Metaverse-Plattformen im Jahr 2023 sind die Online-Spiele „Fortnite" und „Roblox", auch ganz ohne VR-Brille und den Meta-Konzern. „Fortnite" und „Roblox" gehören zu den beliebtesten Freizeitbeschäftigungen von Jugendlichen in der digitalen Welt. Die Idee paralleler digitaler Ersatzwelten inspiriert Künstler:innen und Schriftsteller:innen aber schon seit Jahrzehnten.

Projektion 2060

Die im Jahr 2019 veröffentlichte Mitglieder- und Kirchensteuervorausberechnung für die katholische und evangelische Kirche in Deutschland, erstellt vom Forschungszentrum Generationenverträge (FZG) der Albert-Ludwig-Universität Freiburg (deshalb auch als „Freiburger Studie" bekannt). Die Studie prognostiziert den Rückgang der evangelischen Kirchenmitgliedschaft von 21,5 Millionen Mitgliedern im Jahr 2017 auf 10,5 Millionen im Jahr 2060. Sie ist Schreckgespenst heutiger Kirchentwickler:innen und zugleich der Anstoß für notwendige Weiterentwicklungen der kleiner werdenden Institution.

SaaS

Die Abkürzung „SaaS" steht für „Software as a Service". SaaS wird immer im Abonnement bereitgestellt und bietet standardisierte Lösungen für die Arbeitsweisen und Probleme an, die in allen Kirchengemeinden auftreten. Gemeinden glauben manchmal, dass ihre Abläufe so speziell sind, dass eine Standard-Software nicht zu ihnen passt. In der Realität ist das nicht so: Mit ganz wenigen Ausnahmen haben alle Gemeinden die gleichen Probleme.

SEO

„Search Engine Optimisation" (SEO) ist sowohl die Anweisung, wie die eigenen Inhalte beschaffen sein müssen, um bei Google und anderen Suchmaschinen besser gefunden zu werden, als auch ein ganzer Wirtschaftszweig, der verspricht, die eigenen Ergebnisse auf Platz 1 zu bringen.

Sinnfluencer:innen

Influencer:innen sind Menschen, die mit ihren Inhalten auf Social-Media-Plattformen viele Menschen erreichen und dann oft von Marken dafür bezahlt werden, mit ihrer Reichweite Produkte zu bewerben. Unter Sinnfluencer:innen werden solche Influencer:innen verstanden, die für Angebote in den Branchen Spiritualität, Lebenshilfe und Coaching werben. Auch Influencer:innen in Diensten und Auftrag der Kirchen (zum Beispiel bei yeet, dem Content-Netzwerk des GEP) werden gelegentlich so bezeichnet.

Social Graph

Der Social Graph ist die Menge und das Netzwerk der Beziehungen von Menschen untereinander in einem sozialen Netzwerk und ist die Grundlage für die Präsentation von Inhalten nach Maßgabe der Beziehungen der Accounts untereinander. Algorithmische Timelines und Feeds werden zusätzlich dazu auf Grundlage der dokumentierten Interessen der Nutzer:innen und ihrem Verhalten auf der Plattform selbst – oder auf Drittseiten – zusammengestellt (ein sogenannter *interest graph*). Die Europäische Union schreibt vor, dass große Social-Media-Plattformen ihren Nutzer:innen die Möglichkeit eines ohne Algorithmen erstellten Feeds einräumen müssen. Dieses Feature verstecken die Plattformen aber gerne, weil im Social Graph weniger Werbeeinnahmen erzielt werden können.

Web 1.0, Web 2.0, Web 3

Das „Web 1.0“ war das Internet in der Zeit von Blogs und untereinander verlinkten Webseiten. Das „Web 2.0“ bezeichnet die Ära der interaktiven Kommunikation und der Social-Media-Plattformen, in der sich Nutzer:innen nicht mehr durch das Internet klicken mussten, sondern auf der Plattform ihrer Wahl vom Algorithmus ausgewählte, mehr oder weniger passende Inhalte serviert bekamen. „Web 3“ war der Versuch, mit einer unnötig aufwändigen Technologie namens „Blockchain“ Probleme zu lösen, die über zentralisierte Systeme einfacher, schneller, sicherer und billiger zu lösen sind (zum Beispiel das Bankensystem oder Kaufverträge).

Nachwort

Zieht in Frieden eure Pfade

Digitale Kirche ist vernetzt und zugewandt. Die digitalisierte Kirchengemeinde wendet sich ihren Gästen und Gliedern, ihrem Sozialraum und den Menschen zu, die sich ihr in der Fern' und Nähe zugehörig fühlen. Die digitale Kirchengemeinde arbeitet verantwortlich mit den ihr zur Verfügung stehenden Ressourcen und ist eine kluge Haushalterin der Zeit und Kraft, die von ihren ehren- und hauptamtlichen Mitarbeitenden eingebracht werden. Die digitale Zusammenarbeit überschreitet die traditionellen Grenzen, die es zwischen Menschen unterschiedlichen Alters und Status in unseren Kirchen gibt. Wer vernetzt arbeitet, kann nicht mehr nur auf sich schauen, sondern orientiert sich neu im Zusammenspiel mit anderen Akteur:innen auf den unterschiedlichen Ebenen der Kirche und im Konzert mit weiteren zivilgesellschaftlichen und politischen Partnern.

Als der Apostel Paulus sich auf den Athener Areopaghügel stellte, um zu den heidnischen Griechen zu predigen, nahm er seinen ganzen Mumm zusammen und kontextualisierte die Botschaft der Auferstehung in der Erfahrungswelt seiner Zuhörer:innen: Den unbekannten Gott, den die Bevölkerung von Athen und ihre Gäste an einem eigens dafür vorgesehenen Altar verehrten, verkündete Paulus ihnen als den Schöpfergott seiner eigenen religiösen Tradition – „denn in ihm leben, weben und sind wir“. Keinem von uns ist Gott fern!

Digitale Kirche rechnet mit der Gegenwart Gottes dort, wo wir ihn nicht erwarten oder auf Anhieb erkennen können. Wir zählen auf seinen guten Geist auch dort, wo wir außerhalb der uns gewohnten Kreise, jenseits der Grenzen der christlichen Gemeinde und an den Rändern unserer Gesellschaft unterwegs sind. Wo wir hingehen, ist Gott schon längst da. Das erleichtert die Wanderung auch auf jenen Pfaden, die digitale Kirche einschlägt. Die Wegstrecke mag uns noch unbekannt sein, aber wir sind auf dieser Reise keine Fremden.

Die digitale Kirche ist eine lernende, neugierige Kirche. Wir haben in diesem Praxishandbuch den Versuch unternommen, nach bestem Wissen und Gewissen zusammenzustellen, welche Haltungen und Handlungen für die Digitalisierung einer Kirchengemeinde im Kontext unserer Gesellschaft notwendig und nützlich sind. Manches davon wird sich binnen kürzester Frist überleben. Wir bleiben Lernende und haben zu danken: Den vielen Menschen, die in Kirche, Theologie und angrenzenden Wissenschaften über die Digitalisierung und das Leben in der Digitalität nachdenken und das ihnen Mögliche tun, um im und am Netz mitzuweben. Vor allem wollen wir den vielen Ehrenamtlichen danken, denen wir in den vergangenen Jahren begegnen durften, und deren Begeisterung und Nöte uns die größten Triebfedern waren, dieses Handbuch für die Praxis zu schreiben.

„Zieht in Frieden eure Pfade. Mit euch des großen Gottes Gnade und seiner heilgen Engel Wacht" von Gustav Knak wird aus dem Evangelischen Gesangbuch zur „Sammlung und Sendung" unter der Nr. 258 im Gottesdienst gesungen. Wir hoffen, mit diesem Buch einen Beitrag zur Sammlung und Sendung der digitalen Gemeinde leisten zu können. Es ist wichtig, zwischen Unwichtigem und Wichtigem unterscheiden zu lernen, zwischen dem, was wirklich Not tut, und dem, was schönes Hobby bleiben darf. Unseren Urteilen darüber, was in der Kirche und bei ihrer Digitalisierung wichtig ist, werden nicht alle Leser:innen an jeder Stelle zustimmen. Technikfolgenabschätzung ist ein kompliziertes Geschäft. Wir glauben, das schaffen wir nur alle gemeinsam und mit Ruhe und Geduld.

Die kurzfristigen Folgen neuer Technologien werden in den Medien und auch in der Kirche häufig übertrieben dargestellt, während wir alle dazu neigen, ihre langfristigen Möglichkeiten zu unterschätzen. Es wird bei der Digitalisierung unserer Kirchen und Kirchengemeinden immer wieder Rückschläge und persönliche Enttäuschungen geben. Vernetzte Kirche zu sein bedeutet dann, sich nicht gegenseitig im Regen stehen zu lassen. Digitalisierung ist keine Zauberei. Richtig verstanden bedeutet sie, in großer Wertschätzung miteinander und mit unserer Umwelt zu leben. Die Digitalisierung ist kein Wundermittel gegen die vielen Probleme, die es in unseren Kirchen auch gibt. Aber die Netze, die wir digital weben, können uns helfen und trösten: „Wenn euch Jesu Hände schirmen, geht's unter Sonnenschein und Stürmen getrost und froh bei Tag und Nacht."

Digitale Kirche ist eine suchende Kirche. Den *einen* Weg zur gelingenden Digitalisierung gibt es nicht. Auch wir haben hier nur präsentiert, was wir während unserer Suche erfahren und gelernt haben. Die Arbeit an der Digitalisierung der Kirchen ist keine Zusatzaufgabe, kein weiteres, weniger wichtiges kirchliches Handlungsfeld, sondern eine Notwendigkeit: Wer den Menschen in unserer digitalisierten Gegenwart begegnen will, um ihnen das Evangelium von Jesus und von der Auferstehung auszurichten, der muss selbst „Ja" sagen zum Leben in der Digitalität.

„Lebt wohl, lebt wohl im HERRn!
Er sei euch nimmer fern
spät und frühe.
Vergeßt uns nicht
in seinem Licht,
und wenn ihr sucht sein Angesicht."

Ein praxisrelevanter Beitrag zur aktuellen Diskussion

Klimawandel, Umweltverschmutzung und Artensterben, aber auch Initiativen für mehr Nachhaltigkeit und Naturschutz sind aus den Nachrichten nicht mehr wegzudenken. Und wie steht es damit in christlichen Gemeinden? Die praxisnahen Beiträge von Autor:innen aus vielen christlichen Organisationen machen dieses Buch zum unverzichtbaren Begleiter für die Gemeindearbeit: Sie zeigen auf, wie sich die diese Themen integrieren lassen und umgesetzt werden können. Eine verständliche Einführung in wichtige Aspekte einer ökologischen Theologie und Gemeindeethik liefert Hintergrundwissen zur Schöpfungsverantwortung. Auch als E-Book erhältlich bei allen gängigen E-Book-Anbietern (ISBN 978-3-7615-6877-4).

Thomas Kröck
und Heinrich Christian
Rust (Hg.)
fromm + grün
Schöpfungsverantwortung
und Nachhaltigkeit in der
christlichen Gemeinde

gebunden, 272 Seiten,
ISBN 978-3-7615-6876-7

neukirchener